KB193849

세상에 없는 리얼 비즈니스 영어

세상에 없는 리얼 비즈니스 영어

발행일	2025년 6월 5일		
지은이	강찬휘		
펴낸이	손형국		
펴낸곳	(주)북랩		
편집인	선일영	편집	김현아, 배진용, 김다빈, 김부경
디자인	이현수, 김민하, 임진형, 안유경	제작	박기성, 구성우, 이창영, 배상진
마케팅	김회란, 박진관		
출판등록	2004. 12. 1(제2012-000051호)		
주소	서울특별시 금천구 가산디지털 1로 168, 우림라이온스밸리 B동 B111호, B113~115호		
홈페이지	www.book.co.kr		
전화번호	(02)2026-5777	팩스	(02)3159-9637
ISBN	979-11-7224-650-1 03740 (종이책)		979-11-7224-651-8 05740 (전자책)

(주)북랩 성공출판의 파트너
북랩 홈페이지와 패밀리 사이트에서 다양한 출판 솔루션을 만나 보세요!
홈페이지 book.co.kr • **블로그** blog.naver.com/essaybook • **출판문의** text@book.co.kr

작가 연락처 문의 ▶ ask.book.co.kr
작가 연락처는 개인정보이므로 북랩에서 알려드릴 수 없습니다.

AI 번역기로는 결코 알 수 없는 111가지 비즈니스 언어 뉘앙스

세상에 없는
리얼
비즈니스 영어

강찬휘 지음

✿ 북랩

홍준기 (삼일회계법인, 감사 부문 대표)

미국 근무를 다녀온 후로도 업무상 필수적이지만 여전히 부담스
러운 영어, 이 책을 읽으면서 나도 모르게 입가에 미소가 지어진다.
20년 전 미국 근무 시절로 돌아가 하루를 보내는 느낌이랄까? 그만
큼 비즈니스 일상이나 회의에서 사용하는 실감 나고 유용한 표현들
로 해외 근무를 준비하는 후배들과 영어로 미팅과 컨퍼런스 콜을
자주 해야 하는 동료분들께 이 책을 꼭 권한다. 이제 자신감이 up!

Kevin Lee (QUALCOMM, Senior manager)

Excellent learning material - as a CPA working in a US
company, I enjoyed reading the everyday use English idioms
and expressions in one collection with easy-to-understand,
practical descriptions in Korean. The expressions introduced
by the book are those commonly used by native English
speakers in daily conversation but that are often confusing
if translated directly into Korean. I would recommend all

native Korean speakers looking to work in the US or with US counterparts to practice using these useful phrases. Must-have handy reference before entering a US office environment.

Peter Lee (PwC LA, Partner)
Hear it, learn it and use it. Most practical and handy book to reference in working in or working with a US office.

심익승 (Hanwha USA, MBA, Director)
언어는 단순한 문자 이상의 문화적 의미를 갖는다. 아무리 문법적으로 올바른 영어를 구사한다고 해도, 상황에 맞지 않게 표현하면 공감대를 얻을 수 없고, 부적절한 뉘앙스의 어휘를 사용하면 분위기를 어색하게 만들게 된다. 이 책에 수록된 내용들은 하루에도 수없이 사용되는 미국의 일상적인 비즈니스 표현들로, 새롭게 미국 현지에서 사업을 또는 직장 생활을 시작하시는 분들께 큰 도움이 되리라 믿는다.

김대영 (Spigen Founder/CEO)
미국에서 비즈니스를 하면서 만나는 미국인들과 대화 속에서 느낀 점은 그들이 사용하는 말들이 실상은 어렵지 않은 단어의 조합

임에도 막상 내가 그 말을 만들어서 하려면 잘 안된다는 점이었다. 또한 기존에 알고 있는 뜻으로 단어를 사용하였는데 그 단어가 상황에 맞지 않아 내가 전하고자 하는 바를 상대방이 잘 알아듣지 못하여 당황했던 경험도 여러 번 하였다. 많은 시행착오를 통해서 미국 사람들이 일상적으로 빈번하게 사용하는 어렵지 않은 표현을 상황에 맞게 익히고 숙달하는 것이 실제 대화 또는 이메일 소통에 큰 도움이 된다는 나름의 결론에 도달하게 되었다. 본서는 저자가 미국 동부와 서부의 대형회계법인에서 다양한 사람과의 만남 중에 습득하고 깨달은 영어회화의 표현들을 뉘앙스에 맞게, 하지만 어렵지 않은 매우 일상적인 대화체로 서술하여 제시함으로써 비즈니스 영어회화는 물론 일반 영어회화를 공부하기를 원하는 분들에게 실질적인 도움이 될 것임을 확신한다.

오민우 (삼일회계법인, Director)

당신의 토익 점수가 만점일지라도 현지에서 일을 시작할 때 받는 스트레스와 좌절감은 당연히 존재할 것입니다. 결국 몸으로 자연스럽게 익혀지겠지만, 사회 초년생도 아닌데 Non-native speaker이기 때문에 좌충우돌하는 모습을 보이는 것은 Professional로서 좋은 모습은 아니겠지요. 이 책은 해외 오피스에서의 당황스러운 상황을 조금은 빨리, 노련하게 넘길 수 있도록 도와주는 책입니다. 귀여운 Asian staff말고 처음부터 Super smart professional인 자신으로서 인정받기 위한 첫걸음이 되는 책이라고 감히 말씀드리고 싶습니다.

Sunny Chang (Artiva Biotherapeutics, Lawyer)

This book extensively captures everyday "business-speak" that is deployed all the time in various work settings, from casual conversations to emails and meetings. As a corporate attorney, I come across these phrases constantly and believe it would be invaluable for anyone who is working in a US business environment as a non-native English speaker to familiarize themselves with every one of them. The book is practical, easy to digest and is clearly written by someone who has significant experience working in a US environment. Highly recommended.

강경원 (KPMG, Director)

뉴욕에서 전 세계 각국에서 온 사람들과 같이 일하면서 느낀 점은, English non-native로서 의사소통을 할 때 "약속된 표현"을 하는 것이 가장 중요하다는 것을 깨달았습니다. 비록 억양과 발음이 조금 어색하더라도, 상황에 맞는 "약속된 표현"을 할 때 자연스럽고 완벽한 의사소통을 할 수 있습니다. 그런 의미에서 이 책은 직장에서 또는 실생활에서 한층 더 높은 수준의 영어를 구사하게 해줄 보석 같은 Magic Word들을 담고 있습니다!

이 책은 단순히 패턴을 반복 연습하여 익히는 그 이상의 책이다. 현장에서 매일 사용되는 원어민들만의 뉘앙스를 가진 생생하게 살아 있는 영어 표현으로 가득 차 있다. 독자들이 원어민과의 비즈니스 의사소통의 시행착오를 대폭 줄일 수 있게 할 수 있도록 기술되어 있으며, 국내에 발간되어 있는 비즈니스 패턴 영어 패턴 책들의 부족한 부분을 채우기 위한 책이다. 원어민과 비즈니스 대화를 위해 영어 말하기 연습이 공부하는 목적인 분들에게는 풍부한 예시와 설명을 통해 배워 말할 수 있는 필수적인 책이 될 것이며, 현장 영어의 감각을 느끼고 싶으신 분들에게는 이 책을 한번 읽는 것만으로도 언어를 통한 원어민의 의사소통 뉘앙스를 알 수 있는 최고의 기회가 될 것이다.

- 처음에는 단순히 해외에서 근무해야 하는 한국에 있는 후배들을 위한 메모 수준이었다.
- 오랜 기간 미국회사에서 일하면서 틈틈이 메모하였던 내용을 책으로 펴내면 실전 핵심 비즈 영어를 배우기를 열망하는 모든 후배분들에게 도움이 될 것이라는 확신으로 정리하였다.

- 영어가 여러분의 다른 능력 발휘하는 데 있어 발목이 잡혀서는 안 된다는 마음으로 정리하였다.
- 어학연수를 포함하여 해외에서 유학 경험이 있다 해도 실제 비즈니스 현장에서 사용하는 살아있는 영어를 다 느끼고 알 수는 없다.
- 해외 주재원의 경험, 한국에서의 외국계 회사 경력만을 가지고도 살아있는 영어를 다 습득하기에는 한계가 있다.
- 미국에서 태어난 한인 2세 분들은 영어는 잘 할 수 있지만, 한국에서 교육과정을 받아 한국식 사고에 익숙한 한국인이 어려워하는 영어 표현을 알기는 어렵다.

미국 회사의 일상 생활에서 자주 사용되지만, 한국어로 정확하게 번역하기 힘든 뉘앙스를 가진 표현들이 있다. 예를 들어 'Catch up'이라는 표현은 '그동안 뭐 했는지 이야기 좀 하자'라는 뉘앙스를 가진 표현으로, 이에 딱 맞는 한국 표현은 없지만 매우 자주 사용하는 표현이다. 'Give someone credit'이라는 표현도 자주 사용되지만, 단순히 '누구를 칭찬하다'로 번역하기에는 어색하고, 적합한 한국식 표현을 찾기는 어렵다. 또 누군가에게 부탁할 때 요즘 'You might want to ~'라는 표현을 주로 사용하는데 이 부분도 처음에 어떤 뉘앙스로 이야기되는지 느끼기는 쉽지 않다. 비즈니스 현장에서 원어민은 직설적인 'difficult'와 'diligent'보다 'challenging'와 'hard working'을 사용하여 어감을 순화시키는 경향이 있다.

매일 사용되지만, 영어 고유의 뉘앙스를 담고 있는 표현

이 책은 비즈니스 환경에서 매일 사용되는 표현이면서, 동시에 한국인이 파악하기 힘든 뉘앙스를 담고 있는 두 가지 조건을 모두 충족하는 표현을 오랜 기간의 경험과 관찰에 근거하여 기술된 책이다.

Boston에서 근무할 때는 회사 내의 매니저 직급의 실무 동료뿐만 아니라, 제 업무의 주요 고객이었던 Goldman sachs, Liberty mutual, Plymouth Rock 등의 미국 정통 금융회사 고객과의 업무를 통해, LA에서 근무할 때에는 회사 동료인 디렉터, 파트너와의 업무를 통해, 그리고 다양한 배경의 C-level 직급부터 매니저 직급까지 이르는 고객을 통해, 때론 격식을 갖추고, 때론 친근감 있게 하는 그들의 의사소통 방식을 배우게 되었다. 이 책의 강점이라고 하면 정통 대형 미국 회사의 말단 사원에서 Executive 직급까지 자주 사용하면서 고유의 뉘앙스가 내포된 핵심 표현들이 정리되어 있다는 것이다.

영어를 모국어가 아닌 제2외국어로 하는 외국인이 가진 한계라는 것은 분명히 있다. 그러한 한계를 뛰어넘기 위해 원어민이 말하는 것을 흉내 내어 말하는 것도 중요하지만, 상황에 가장 근접하게 원어민이 사용하는 표현을 뉘앙스에 맞게 사용하는 것이 중요하다. 직장 동료들, 그리고 고객들이 설득력 있게 사용하는 단어, 문장들을 틈틈이 메모하여 정리하고, 실제로 이러한 표현이 맞는 표현인지는 캠브리지, 롱맨 영어사전을 통해 검증하여 상황에 따라 자연스럽게 체득하게 되었다.

패턴 반복을 넘어 공감 소통을 가능하게 해주는 표현

기존에 나와 있는 책들은 자주 사용하는 패턴을 반복하는 연습들로 일정 수준 이상으로 대화할 수 있게 도와주는 책들이거나, 몇 가지 원어민이 자주 사용하는 특별한 표현이라고 일부 소개하는 책들이 많다.

이 책은 살아 있는 영어, 원어민들이 자주 사용하는 표현 중 때론 정중하지만 친근감 있는 비즈니스 영어를 각 표현이 가지고 있는 Nuance tip과 함께 여러분에게 소개하는 책이다.

미국에서 자란 네이티브 분들은 한국인이 어떤 표현을 하는 데 어려움이 있는지 알기 어렵다. 하지만 정통 미국 회계 종합 컨설팅 회사인 PwC의 다양한 직급의 원어민과 오랫동안 일하면서 한국인이 습득하기 어려운 표현들을 온몸으로 체득하였고, 기존의 책들에 뭔가 부족함이 있다는 것을 알았다. 기존의 영어 표현 책에서 무엇인가 부족함과 갈증을 느끼셨다면 이 책의 살아 있는 영어가 그러한 갈증을 채워 줄 수 있다고 확신한다.

원어민과의 대화에 자신감을 Up 시켜줄 수 있는 표현

　미동부의 PwC Boston office, 미서부의 PwC LA office에서 근무하면서 느꼈던 몇 가지가 있었다. 한국적인 사고의 표현을 상황에 맞게 적합한 영어로 표현하되, 때론 격식을 갖추어야 하고, 때론 너무 격식차리지 않고도 상대방을 설득하고 대화 분위기를 친근하게 만드는 표현들, 시의적절한 표현들이 있음을 배웠다. 이 책은 한국적 언어사고를 가지고 있는 한국인이 비즈니스로 만나게 되는 외국인과 대화할 때 사용하게 되는 미묘한 비즈니스 뉘앙스를 가지고 있는 표현을 자세히 설명하여 원어민과의 대화 시에 자신감을 증가시켜주는 표현들로 가득 차 있다.

　AI 번역기 등을 통해 공산품처럼 생산되는 패턴에 따른 직역이 아니라, 상황에 따른 뉘앙스를 느끼고, 그것을 체득하여 원어민과 영상회의 등의 의사소통이 점점 많아지는 시대에 이 책이 많은 도움이 될 수 있기를 기대하고 소망한다.

　책의 구성은 70개의 일상 핵심 표현, 20개의 회의 시 사용하는 핵심 표현, 전화 통화 시 반드시 알고 있어야 할 표현 10개, 그 이외에 보너스로 직장 내에서 이메일을 작성할 때 주의해야 할 11가지 표현으로 구성되었다. 특히, 각 표현에 필요한 Nuance tip은 실전영어를 이해할 수 있게 도와주는 도구가 될 것이다.

　아래 대화는 실제 미국 직장에서 매우 자주 사용하는 표현들이다. 영어도 원어민들 사이에 자주 사용하는 표현은 세월이 흐를수록 달라진 뉘앙스와 함께 계속 변화한다. 아래 대화 중에 나오는 표현 중에 적어도 10개 이상 들어본 적은 있는 것 같으나 사용하는데 익숙하지 않은 표현이나 숨어 있는 뉘앙스에 대해서 정확히 이해하고 싶다면 이 책이 여러분을 살아있는 현장 영어로 이끌어 주리라 확신한다.

Conversation

🏢 사무실 일상대화[1]

Team leader: Heidi / Director: David / Manager: Daniel / Associate: Jenny

Heidi: I think **we are now all on the same page** other than the R&Q (Risk and Quality) matter. Have you consulted Risk Management (RM) team manager, Peter, **by any chance**?	Heidi: 제 생각에는, R&Q 문제와 관련된 사항을 제외하고는 **모두 같은 이해를 하고 있습니다.** 혹시, RM 팀 매니저 Peter와 논의해 볼 기회가 있었나요?
David: I did consult Peter, we are not so far away, **we are getting there**.	David: 예, Peter와 논의했습니다. 입장 차가 크지 않고, **거의 마무리 단계입니다.**
Daniel: **You might want to** consider it carefully since the risk management issue is always sensitive.	Daniel: 아마 그 사항은 세심히 고려하시는 것이 **좋겠습니다.** RM 이슈는 항상 민감하거든요.

Heidi: I agree on Daniel's point **to a large extent**. There should **be downsides** to be considered. However, I believe we are **in pretty good shape** at this point.

David: Okay. Now let's **double down on** the topic we were committed to dealing with it timely. Heidi, do you have any comments on the deck I sent yesterday?

Heidi: I don't want you to do it **from scratch**, rather, we should **leverage** the previous team's work papers. I **have learned** the risk we might need to take on. Thus, we need to have **a compelling reason** to do that, or we may withdraw. By the way, Jenny, how **is your**

Heidi: Daniel의 관점에 저는 **충분히** 동의합니다. 우리는 **손해볼 수** 있는 사항에 대해서 고려해야 합니다. 그러나, 제가 믿기로는 현 시점에서 우리는 **아주 잘 준비되어** 있습니다.

David: 좋아요, 우리 이제 시의적절하게 다루기로 약속했던 그 주제에 대해서 **최대한 집중합시다.** Heidi, 혹시 어제 제가 보내 드린 PPT에 대해 comment 있으신가요?

Heidi: 저는 당신들이 **맨땅에 헤딩하지** 말고, 전년도 팀의 조서를 **최대한 활용하기를** 바랍니다. 저는 우리가 부담해야 할 위험을 **알게 되었습니다.** 그러므로, 우리는 진행하기 위해서는 **정말로 확실한 이유가** 있어야 합니다. 그렇지 않으면 우리는 제안을 하지 않을 것입니다. 그나저나, 당신의

transition going?

그 인수인계 진행은 잘 되고 있나요?

Jenny: [Cough]. Please **bear with my voice** since I caught a cold. Chris **handed over** his work before leaving the firm. He was such a **hands-off manager.** Thus, I'm not sure whether I will be able to **take over** every single detail by next week.

Jenny: (기침) **양해 부탁드립니다.** 제가 감기에 걸려서요. Chris가 그의 일을 저에게 **넘겨주었습니다.** 그는 **꼼꼼한 스타일이 아닙니다.** 그래서 제가 그의 모든 일을 다 **인수인계 받을 수** 있을지 확신할 수가 없습니다.

David: I know. You are **in a tight spot**. **It is what it is**. But I will **give you full credit** once you succeed in taking over his job.

David: 알아요, 당신이 **지금 얼마나 어려운 상황인지, 원래 일이라는 게 그렇지요.** 그의 일을 잘 인수인계 받으면 제가 **정말 인정하겠습니다.**

Jenny: Thanks David. I will **touch base with you** next week. By the way, I probably **won't be able to make it** to the

Jenny: David 감사합니다. 제가 **다음 주에 한번 연락 드리겠습니다.** 그런데, 제가 다음번 고객과의 미팅은 다른 **고객과의 중요한**

next in-person internal meeting due to **the previous client commitment**.

David: No worries!

Heidi: Okay. I believe we have covered what we were supposed to do. We have now **several takeaways** based on **the findings you have discovered**. It was quite a productive and meaningful meeting. Thanks for your time and take care.

Others: Take care!

미팅이 있어서 **참석하기 어려울** 듯합니다.

David: 걱정하지 마세요.

Heidi: 좋아요. 저는 우리가 오늘 할 일은 다 마무리했다고 믿습니다. 우리가 **발견한 몇 가지 사항들에** 대해서 **꼭 잊지 말아야 할 사항들이** 있습니다. 이 미팅은 정말 생산적이고 의미 있었습니다. 당신들 시간에 감사드리고, 몸들 조심하세요.

Others: 몸조심하세요.

🖥️ 사무실 일상대화(2)

David: Why don't we **pick it up where we left off** yesterday. Hey Daniel, you **might want to** lead the meeting.

David: 자, 어제 **우리가 진행하다 중단했던 곳에서 시작**하는 게 어떤가요? Daniel, 혹시 미팅을 리드해주**실 수 있으세요?**

Daniel: Sure. First, I'd like to **revisit** the issue we were discussing yesterday.
Heidi: Jenny, would you hand out **the deck** first?

Daniel: 물론이죠. 첫 번째로 어제 논의했던 이슈에 대해서 **논의를 다시** 해 보시죠.
Heidi: Jenny, 그 **PPT** 먼저 나눠주시죠?

Jenny: Absolutely, I **put it together** with Daniel after the meeting yesterday. It's the 3-page deck.

Jenny: 물론이죠, 제가 어제 Daniel과 미팅 후에 **준비했습니다.** 이건 3page PPT입니다.

Daniel: Let me **walk you through** to **get you up to speed before diving into the main topics.**

Daniel: 이건 제가 **다음 주요 주제에 집중하여 다루기** 이전에 당신에게 **필요한 부분을** 최대한 빨리 **업데이트**를 드리기 위해 **차근차근 설명해 드리도록** 하겠습니다.

[Daniel explained]

Heidi: Excellent job! Daniel. David, could you **elaborate** on this issue in addition to Daniel's comments?

David: I'm sorry that I should have **filled you in** yesterday though you were super busy.

[David explained in detail]

Heidi: By the way, **how did the C-level meeting go yesterday?**
Daniel: The meeting **went well** though we received several comments.

Heidi: I'm glad to hear that. Could you **keep me updated as things progress**? Please keep in mind that we should be

Heidi: 정말 잘하셨네요. David, Daniel의 Comments를 **좀 더 자세히 설명**해주시겠어요?

David: 제가 어제 당신이 아무리 바빠도 그동안 **진행된 사항을 알려드려야** 했었습니다.

Heidi: 그나저나, 임원들하고 미팅은 **잘 되었나요?**
Daniel: 네 그 미팅은 **정말 진행이 잘** 되었습니다. 물론, 몇 가지 comments는 받았습니다.

Heidi: 기쁜 소식이네요. **진행되는 상황에 따라 저를 계속 update 시켜** 주시겠어요? 그리고 우리는 **다음 단계로 넘어가기**

able to receive the **engagement letter** before **moving on to** the next step.

전에 **계약서**를 꼭 받아야 하는 것도 명심해주세요.

Daniel: No worries! **I'm on it.** However, the procurement team is still **sitting on the fence**. It might take time to **convince** the team.

Daniel: 걱정하지 말아요, **제가 이미 챙기고** 있습니다. 그러나, 구매팀이 아직도 **결정하지 않고** 있습니다. 그들을 **확신시키려면** 시간이 좀 더 필요할 것 같습니다.

David: **By any chance**, have you met Chris in person? He is always a real complainer. I don't think his complaints are always **legitimate**.

David: **혹시**, 크리스를 직접 만난 적 있나요? 그 사람은 항상 불만을 가지고 있습니다. 제 생각엔 그의 불만이 항상 **받아들일 수 있는** 사항은 아닙니다.

Jenny: **I'm on it.** I have already **addressed his concerns**.

Jenny: 제가 **이미 알고 있습니다.** 그리고 이미 그의 그러한 걱정들을 **잘 대응하고 있습니다.**

David: You're my life savior, please **keep up the good work**.

David: 나의 **구세주**이군요. **계속 잘 부탁드립니다.**

Heidi: I believe everything is going well. David, aren't we supposed to have a quick sales status meeting?

Heidi: 저는 모든 게 잘 진행되고 있다고 믿습니다. David 우리가 매출 진행 사항 미팅하기로 했죠?

David: Sure, here is **the deck put together**. First, you can see **the pipeline** and progress on page 1.

David: 맞아요, 제가 **준비한 PPT**입니다. 첫 번째, **잠재 매출 내역과** 진행 상황을 볼 수 있습니다.

Heidi: Looks good to me. Do you mind if we could have **a quick catch-up** regarding the STAR project next week? Does **9: 00 am next Monday work for you**?

Heidi: 좋아 보입니다. 혹시 그 STAR 프로젝트와 관련해서 다음 주에 **간략히 이야기하시죠?** **다음 주 월요일 9시는 괜찮으시겠죠?**

David: It works for me. Jenny, **would it work for you** as well?

David: 네 좋습니다. Jenny, **당신도 괜찮으시죠?**

Jenny: Absolutely!

Jenny: 당연하죠.

Heidi: Jenny, could you **create**

Heidi: Jenny, **NDA 만들어 주**

a non-disclosure agreement letter? We must **get the ball rolling** in order not to **move back** the kickoff meeting due to the internal admin process. We should **capitalize on this opportunity** to **showcase our expertise** in the retail industry. Our proposal should be **second to none**.

David: We will do our utmost. I will **keep you posted** and send an invite early next week to **catch up**.

Heidi: Yes, please. My calendar is up to date as of now, so you can find a time. By the way, **a heads-up**, we should wear business casual at the client meeting next week.

시겠어요? 우리는 kick off meeting을 **뒤로 미루지** 않도록 **일단 시작해야 합니다.** 우리는 이 기회를 반드시 **최대한 활용하여** 우리의 전문성을 **최대한 자랑해야** 합니다. 우리의 제안서는 **최고가 되어야** 하고요.

David: 우리는 정말 최선을 다할 것입니다. **제가 계속 update 하겠습니다.** 다음 주에 **간략히 논의하기** 위해 invite 보내 드리겠습니다.

Heidi: 네, 제 calendar는 업데이트되어 있습니다. 그나저나, 다음 주 client 미팅에서 우리는 꼭 비즈니스 캐주얼을 입어야 하니 **주의하세요.**

🏫 고객과 미팅

Heidi: Did you have a chance to **read the final version through**?

Heidi: 최종 보고서 version을 혹시 **전체적으로 읽어 보실 기회**가 있으셨는지요?

David: Yes, I **reflected** your comments, and I **revised** the report in order to clarify your intentions.

David: 네, 당신의 comments는 **반영했습니다.** 그리고 당신의 의도를 명확히 하기 위해서 보고서를 **더 나은 방향으로 수정했습니다.**

Daniel: In addition, I **read over** the proposal again and **edited** a bit to make it prettier.

Daniel: 추가로, 그 제안서를 제가 **전체적으로 읽고,** 완성도를 높이기 위해 **편집했습니다.**

Heidi: That's great. You are real team players. I will send the final version to the client. Who is going to be the key presenter? David, you might want to **pitch for this**.

Heidi: 아 좋아요. 당신들은 정말 팀 플레이어입니다. 제가 마지막 version을 고객에게 보내겠습니다. 누가 주 발표자죠? David, 프**레젠테이션해 보겠습니까?**

David: I'd love to do that, thanks for giving me this great opportunity. Please **chime in** anytime you want.

David: 네 좋습니다. 저에게 그런 기회를 주셔서 감사합니다. 하지만 어느 때든 **끼어들어** 보완해주길 바랍니다.

[1 day later at a client site]

Heidi: Did you have a chance to **flip through** the report.

Heidi: 혹시 그 보고서를 **넘겨볼** 기회가 있었나요?

James(client): Yes. I did. I actually **went over** very carefully. It's quite impressive.

James: 네 **자세히 검토했습니다.** 꽤 인상적입니다.

Heidi: David is going to **walk you through**. Please feel free to ask any questions you have.

Heidi: David이 **전체적으로 차근차근 설명**해 드리도록 하겠습니다. 문의 사항이 있으시면 언제든지 질문해주세요.

David: Thanks for having us and giving us the opportunity to propose.

David: 초대해주셔서 감사드리고, 저에게 제안할 기회를 주셔서 감사합니다.

[After the presentation]

James: It's great, and thanks for your time. I have a couple of questions as to the scope, fee, and timetable.

James: 대단하네요. 당신들이 시간 내 주셔서 감사합니다. 저는 범위, 보수, 계획에 대해 몇 가지 질문이 있습니다.

Heidi: Thank you for your honest feedback. We will **get back to you ASAP** once we **regroup** to **address** your concerns. Do you mind if we set up a call with you tomorrow afternoon? What time **would work for you**?

Heidi: 정직한 feedback 주셔서 감사합니다. 당신의 걱정을 **해결하기** 위해 **다시 모여 협의한** 이후에 **바로 답변드리도록** 하겠습니다. 혹시 내일 오후에 잠시 통화하실 시간이 있으신가요? **몇 시가 좋으신가요?**

James: 2:00 PM works for me.

James: 2시가 저에게는 가장 좋습니다.

Contents

> **1장** 날마다 사용하는 70가지 비즈니스 영어

2장 회의 시 매번 사용하는 207가지 비즈니스 영어

3장   특히, 전화 시 매번 사용하는 107가지 비즈니스 영어

4장 [Bonus] 비즈니스 이메일 유의사항 11

1장

날마다 사용하는
70가지
비즈니스 영어

Don't call him Dave, he goes by David

Dave라고 부르지 마세요, 그는 David입니다

📖 **사전적 의미**

go by (the name of) sth: 실제 이름이 아닌 이름을 자신에게 부여하다.

You know Mr. David Shon; does he go by (the name of) Dave?

You know Mr. Michael Kang; does he go by (the name of) Mike?

You know Mr. Robert Kim; does he go by (the name of) Bob or Rob?

You know Mr. Timothy Park; does he go by (the name of) Tim?

You know Mr. Thomas Lee; does he go by (the name of) Tom or Tommy?

You know Mrs. Jennifer Song; does she go by (the name of) Jen or Jenny?

You know Mrs. Judith Kong; does she go by (the name of) Judy or Jude?

You know Mrs. Deborah Shin; does she go by (the name of) Deb or Debbie?

You know Mrs. Janice Ko; does she go by (the name of) Jan or Jane?

You know Mrs. Jessica Yo; does she go by (the name of) Jess?

Nuance Tip

우리말로 직역하면 'Someone should be called by the name of sth'일 것이나, 일상생활에서 거의 사용되지 않는 표현입니다. 'Go by the name of'라는 표현에서도 'the name of'는 거의 모든 경우에 생략되어 'Go by'로 표현합니다.

미국 이름 중 이름이 긴 경우, 약어로 부르는 경우가 대부분이긴 하나, 사람에 따라 약어로 불리는 걸 싫어하기도 하고, 본인이 특별히 불리고 싶은 이름이 있습니다. 그래서 모를 경우 비서나, 직장 동료들을 통하여 그 사람이 어떻게 불리는지 꼭 확인하는 것이 기본 에티켓입니다. 저도 처음에 제 미국 직장 상사의 이름인 David를 Dave로 불렀다가 당황스러운 상황이 벌어진 적이 있었습니다. 이때 사용하는 표현이 go by입니다.

참고로, 위의 예시는 원어민들이 가장 많이 사용하는 약어입니다.

Let me ping David if he can join

David가 참석할 수 있는지 메시지를 보내 확인하겠습니다

Ping: 이메일이나 문자 메시지를 보내다.

DM: direct message: 소셜 미디어 웹사이트에서 누군가에게 개인 메시지를 보내다.

Please ping me when you have a moment.

시간 있을 때 저에게 연락 부탁드릴게요.

Once you receive the document, ping me.

그 문서 받으면 저한테 연락 부탁드릴게요.

I will ping you around 5pm.

제가 5시 정도에 연락드릴게요.

If it doesn't work as instructed, ping me and I will look into it.

설명과 같이 작동하지 않을 때 연락주시면 제가 조사해 보도록 하겠습니다.

If you took pictures last night, please DM me.

어제 사진을 찍었다면 저에게 메시지로 보내 주세요.

Nuance Tip

대면 미팅이 점점 줄어들고, 사내 메신저 등의 활용이 많아지면서 이 표현을 자주 사용합니다. 'Ping me'는 직역하면 이메일, 텍스트를 포함한 '메시지를 보내 주세요'라는 의미이나, 대부분의 경우 메신저를 통해 연락을 달라는 의미입니다.

'DM me'라는 의미는 소셜미디어를 통해 'direct message'를 보내 달라는 의미입니다. 회사에서 공식적으로는 'Ping me'라는 표현을 사용하고, 'DM me'는 대부분 개인적인 일로 소셜미디어를 통해 정보를 주고받을 때 사용합니다.

Can we catch up with David?

David랑 그동안 진행 상황들 좀 이야기하는 게 어때?

📖 사전적 의미

Catch up: 최신 소식을 확인하거나 논의하고, 아는 사람과 대화하여 소식이나 정보를 교환하다.

Come to my office anytime today, and we can catch up.

오늘 아무 때나 제 사무실에 오세요. 우리 이야기 좀 합시다.

Can we catch up next week once you draft the report?

보고서가 준비되면 다음 주에 이야기 좀 합시다.

Since you have not heard any news regarding the promotion, I can catch you up.

진급과 관련하여 아무런 뉴스를 듣지 못했으므로, 제가 알려드리도록 하겠습니다.

I'm exhausted, but I need to have a quick catch-up with him today.

제가 너무 지쳐 있긴 하나, 그 사람과 짤막하게 논의를 해야 합니다.

Can we have a regular catch-up every week?

우리가 매주 정기적으로 이야기하는 게 어떨까요?

Nuance Tip

'Catch up with (someone/something)'라는 표현인 '누군가를 따라잡다'라는 의미의 일차적인 의미가 있습니다. 하지만 정기적이든 비정기적이든 일상생활에서 직장 동료와, 또는 고객과 'We should catch up at some point'라는 표현을 자주 접하게 됩니다. 누군가 'Catch up' 하자고 하면 '근래에 일어나는 일에 대해서 같이 논의하자'는 의미입니다.

만일 누군가가 'Catch up'이라는 표현 대신에 'We should talk' 또는 'We need to talk'라는 이야기를 한다면 '심각한 상황을 논의하자'는 의미가 내포되어 있는 경우가 많습니다.

We had some hiccups

약간의 삐걱거리는 일이 있었습니다

📖 **사전적 의미**

Hiccup: 일시적으로 어떤 일을 지연시키거나 방해하지만 일반적으로 심각한 어려움을 일으키지는 않는 문제.

To be honest, we had some hiccups during the project.

솔직히 이야기해서, 그 프로젝트 중간에 우리는 약간의 매끄럽지 못한 일이 있었습니다.

There was a hiccup in the negotiations.

협상 과정 중에 약간의 매끄럽지 못한 일이 있었습니다.

We can't avoid hiccups, but we need to learn how to deal with those.

매끄럽지 못한 일이 있을 수 있습니다. 하지만 우리는 그런 상황을 잘 다룰 수 있는 방법을 배워야 합니다.

It wouldn't be surprising that we had several hiccups.

몇 가지 매끄럽지 않은 일이 있었다는 것은 놀랄 일이 아닙니다.

Did you have any hiccups while discussing the memo?

혹시 메모를 논의하면서 매끄럽지 못한 일이 있었나요?

Nuance Tip

프로젝트 진행 중에 몇 가지 삐걱거리는 일들(일정이 연기되거나, 방해되는 일들)이 있을 수 있습니다. 자주 사용하는 표현이 'Hiccup'입니다. 원래 의미는 딸꾹질인데, 비즈니스 환경에서 자주 접하게 되는 표현입니다.

요즘 이메일로 대부분 의사소통을 하면서, 격식이 많이 없어지고 있습니다. 하지만, 때로는 조직 내에서 공식적으로, 또는 조직 외부로 공식적인 이메일이나 문서를 주고받아야 할 경우가 있습니다.

내부적으로 사용되는 공식적인 문서를 'Memo'라 하고, 고객을 포함한 회사 외부의 이해관계자와 공식적으로 의사소통할 경우 사용되는 문서가 'Letter'입니다.

	정의	예시
Memo	조직내에서 사용되는 간결한 형태의 공식 문서	A memo from the procurement team to all departments. (구매부서에서 전 부서에게 보내는 메모) The director has sent out a memo to all staff. (그 부장은 모든 staff에게 메모를 보냈다.) The call has been postponed. Didn't you get a memo? (그 전화는 연기되었다. 혹시 메모 못 받았나요?)
Letter	고객을 포함한 조직 밖의 이해 관계자에게 보내는 간략한 공식 문서	He has sent out the letter to A company. (그는 그 공식문서를 A 회사에 보냈습니다.) He wrote a letter inviting David to visit. (그는 David를 참석시키기 위해 공문을 작성했습니다.) The company sent out the letter to all clients. (그 회사는 모든 회사에 공문을 보냈습니다.)

Memo

Do not mess up/screw up this project
이 프로젝트는 망치면 안됩니다

Mess up/Screw up: 나쁜 짓을 하거나 큰 실수를 저지르다.

I don't want to screw up this project.
저는 이 프로젝트를 망치고 싶지 않습니다.

Why are you trying to screw up your career?
넌 왜 너의 career를 망치려고 하니?

We have had several hiccups, but we did not screw up.
우리는 몇 가지의 매끄럽지 못한 일이 있었으나, 망치지는 않았습니다.

It wouldn't be surprising that he screwed up our relationship.

그가 우리의 관계를 깨트렸다는 것은 놀라운 일은 아닙니다.

We should know that there are always competitors waiting for you to screw up.

경쟁자는 우리가 일을 망치는 것을 항상 기다리고 있다는 것을 알아야 합니다.

Nuance Tip

'Screw up'이라는 표현은 'Mess up'이라는 표현에 비해 덜 격식을 차린 표현입니다. 'Screw up'은 '나사를 조이다'는 일차적인 표현이 있지만 비즈니스 환경에서는 거의 사용하지 않고, 일을 망친다는 표현으로 사용하는 것이 대부분입니다.

비즈니스 현장에서는 오히려 덜 격식적인 'Screw up'이라는 표현을 훨씬 많이 사용합니다.

I know it is what it is

원래 일이란 게 그런 거야, 어쩌겠어

📖 **사전적 의미**

It is what it is: 그것을 그냥 받아들이세요.

Suck it up: 불평하지 않고 불쾌한 상황을 받아들이다.

He changed the due date to tomorrow. It is what it is.

그가 마감일을 내일로 변경했어. 원래 일이란 그런 거야, 어쩌겠냐.

We can't win this project due to an independence concern. It is what it is.

우리는 그 프로젝트를 독립성 이슈 때문에 수임할 수 없어. 일이란 그런 거야, 어쩌겠냐.

The client has selected other firms as he doesn't like us for some reason. It is what it is.

그 고객이 우리를 별로 좋아하지 않기 때문에 다른 회사를 선택했어. 일이란 그런 거야, 어쩌겠냐.

David! Suck it up. It is what it is.

David! 해야지. 어쩌겠냐, 일이란 그런 거야.

We don't have time to keep whining. It is what it is.

계속 궁시렁거릴 시간이 없다. 일이란 그런 거야. 어쩌겠냐.

Nuance Tip

속어라고 하기에는 공식적인 회의에서도 너무 자주 사용되는 표현입니다. 동료나 팀원들에게 어려운 상황에 대한 푸념을 간접적으로 표현하고, 현실을 받아들여야 하는 공감대를 얻기 위한 표현입니다.

'Suck it up'이라는 표현도 자주 듣게 되는 속어입니다. 특히, 동료들 간에 자주 사용하게 되는 표현입니다. '불만 가지지 말고 상황을 받아들이자'라는 표현입니다.

David is a real hands-on boss

David는 세부사항까지 다 챙기는 Boss입니다

📖 사전적 의미

Hands-on: 일을 관리하고 조직하며 의사 결정에 긴밀하게 참여.

Hands-off: 어떤 일을 조직하거나 처리할 때 다른 사람들이 일이 어떻게 처리되어야 하는지에 대한 결정을 내릴 수 있게 하고, 자신이 직접 개입하지 않음.

I like David's management style, but sometimes he is too much hands-on.

저는 David의 경영 스타일을 좋아합니다. 하지만, 때론 너무 상세한 부분까지 간섭합니다.

He is a real hands-on manager being involved in every single detail.

그는 정말이지 너무 상세한 것까지 챙기는 매니저입니다.

He is a hands-off manager. However, watch out! He may know what you are doing now.

그는 정말지이 거의 간섭하지 않는 매니저입니다. 그러나, 조심하세요. 그는 당신이 지금 무엇을 하는지 알 수도 있습니다.

Are you a hands-on director, or hands-off director?

당신은 hands-on 스타일의 director인가요, 그렇지 않으면 hands-off 스타일의 director인가요?

David has a hands-off style of management.

David는 hands-off 경영 스타일을 가지고 있습니다.

Nuance Tip

업무의 세세한 부분까지 챙기는 스타일을 'Hands-on style', 반대의 경우를 'Hands-off style'이라고 간략하게 이야기합니다. 한국에서는 임원이 매우 상세한 것까지 다 챙기면 김 대리라고 하고 반대로 일하지 않고 지시만 하는 대리/과장을 김 상무라고 이야기합니다. 이럴 때 간략하게 'Hands-on', 'Hands-off'로 간략히 표현할 수 있습니다.

I know it is challenging, but it's doable

꽤 까다로울 것 같습니다만, 할 수 있습니다

📖 사전적 의미

Challenging: 성공에 대한 기술이나 결의를 증명하도록 강요하는 방식으로 처리하거나 달성하기 어려운 일.

Doable: 달성이 가능하거나 수행이 가능함.

It will probably be challenging, but it's doable.

그건 아마도 까다로운 일이 될 것입니다. 하지만 할 수 있습니다.

I found it challenging, but it's doable.

그건 쉽지 않을 것 같습니다. 하지만 가능합니다.

Do you think it's doable?

할 수 있을 것 같아요?

I don't think it's doable to meet the due date.

Due date를 맞추는 건 할 수 없을 것 같습니다.

I will adjust the SoW(Scope of work) to make it doable.

일이 가능할 수 있도록 SoW를 수정하도록 하겠습니다.

Nuance Tip

쉽지 않은 일, 어려운 일을 'Difficult'라는 표현으로 직역이 가능합니다. 정확한 해석이긴 하지만 비즈니스 현장에서는 해야 할 일이라면 'Challenging'이라는 표현이 훨씬 더 적합한 표현입니다.

할 수 있다는 표현도 'I can do it'이라는 표현보다는 'Doable'이라는 표현이 훨씬 친근한 표현입니다. 직설적이지 않지만, 불평하지 않고, 해 보겠다는 뉘앙스이니 직장 상사가 싫어할 이유가 하나도 없는 표현이면서, 슬쩍 쉽지 않다는 뉘앙스가 있는 표현입니다.

'Difficult'란 말은 상황에 따라 부정적인 뉘앙스를 가진 경우가 많아, 상황에 맞게 제한된 환경에서 사용해야 합니다.

Surely/Certainly, Probably, Likely/Unlikely, Possibly

미래에 벌어질 일을 예상할 때, 예상되는 가능성에 따라 다양한 표현이 있습니다. 우리말로는 100% 확실한 사항이 아니면 '아마도'라는 표현으로 번역될 수 있으나, 영어표현은 우리말보다 확신의 정도를 다양하게 표현합니다.

상황에 맞게 Surely, probably, likely, possibly. 이 네 가지 형태의 표현을 사용하면 보다 정확한 의사소통을 도울 수 있습니다.

가능성	단어	정의 (사전적 의미)	예시
80% 이상	Surely, Certainly	to emphasize something and show that there is no doubt about it	He will surely pass the exam. (그는 시험에 당연히 통과할 것이다.)
60% 이상	Probably	something is highly likely	He will probably be able to arrive on time. (그는 아마도 정시에 도착할 것이다.)
이상 50% 이하	Likely, Unlikely	expected to happen	It is most likely that he will come tomorrow. (그가 내일 오는 것은 거의 확실하지 않을까요.) It is likely that the event will happen soon unless it rains. (그 사건은 비만 오지 않는다면 발생할 것 같습니다.) It is highly unlikely that he will be elected. (그가 당선될 확률은 매우 낮습니다.)
30% 이하	Possibly	with a likelihood that might or might not be true	Do you think it's possible? (당신은 이것이 가능하다고 생각하시나요?)

Memo

I believed you would make it after all

나는 네가 결국 해낼 것이라고 믿었어

📖 사전적 의미

Make it: 무언가에 성공하다. 어떤 일을 위해 제시간에 어딘가에 도착하거나 어려운 시기에 성공하다.

I knew you were able to make it happen.

나는 네가 해낼 줄 알았어.

I'm glad you made it.

나는 네가 해낸 것이 너무 기쁘다.

I'm not sure whether we can make it or not.

나는 우리가 그것을 해낼 수 있을지 잘 모르겠다.

Go for it, and you will make it.

열심히 해 봐, 그럼 넌 해낼 수 있을 거야.

Give it a full shot, and you will make it.

최선을 다해 봐, 그럼 넌 해낼 수 있을 거야.

Nuance Tip

의역하면 '해내다'라는 뜻입니다. 꼭 특정한 일을 성공했을 때만 사용하는 것은 아니며 일상 대화에서 여러 형태로 사용됩니다. 시간 내에 도착하지 못한 것도 'He can't make it'이라고 표현합니다.

참고

격식을 갖춘 표현은 아니나, 직장 동료나, 후배들을 격려할 때 'Go for it (열심히 해 봐)', 'Give it a full(best) shot(최선을 다해 봐)'도 자주 사용하는 표현입니다.

It is a shame you have to leave now

당신이 지금 떠나야 하다니 정말 안타까운 일입니다

📖 사전적 의미

What a shame: 실망스럽거나 만족스럽지 않다.

It's a real shame we were not able to meet in person due to the pandemic.

팬데믹으로 인해서 당신을 직접 만날 수 없다는 것은 너무나 안타까운 일입니다.

It's a shame you can get only 5% raise.

당신이 5%밖에 급여가 오르지 않았다니 정말 안타깝습니다.

It's a shame. I can't understand why he canceled the meeting.

정말 실망이네요. 저는 왜 그가 미팅을 취소했는지 이해할 수 없습니다.

It's a shame you have got promoted to a director; you should have gotten promoted last year.

올해 승진했다니 안타깝습니다. 사실 작년에 승진을 했어야 했는데 말이죠.

What a shame I missed your presentation.

내가 당신 presentation을 놓쳤다는 게 정말 안타깝습니다.

Nuance Tip

일차적인 의미는 '정말 실망이다'라는 뜻입니다. 예를 들어, 'I failed in the driving test again. What a shame! (운전면허 시험을 합격하지 못하다니, 정말 실망이다)'와 같이 사용하는 경우입니다. 하지만, 비즈니스 현장에서는 오히려 약간 과장된 뉘앙스로, 기분 좋게 하는 표현으로 위의 예시의 뉘앙스로 '안타깝다'처럼 사용하는 경우가 많습니다.

I don't want to lose face

체면을 잃고 싶지는 않습니다

📖 사전적 의미

lose face: 체면을 구기다.

No one wants to lose face before the customer.

누구도 그 고객 앞에서 체면을 구기고 싶지는 않습니다.

We need to find a way to escape without losing face.

우리는 체면을 잃지 않으면서 빠져나갈 수 있는 길을 찾아야 합니다.

Losing face is better than not winning the project.

체면을 잃는 것이 오히려 프로젝트를 수임하지 못하는 것보다 낫습니다.

If we cancel the meeting, we will lose face.

만약 그 미팅을 취소하면, 우리는 체면을 잃게 될 것입니다.

Do not be afraid of losing face if you are in the marketing team.

만일 당신이 마케팅 팀에서 일한다면 체면을 잃는 것을 두려워하지 마세요.

Nuance Tip

실수를 하여 고객에게 양해를 구할 때, 우린 체면을 구겼다고 합니다. 때로는 비즈니스를 하다 보면 '을'의 입장에서 잘못하지 않은 일도 잘못했다고 해야 할 때가 있습니다. 이 외에도 여러가지 이유로 체면을 구겨야 할 때가 많습니다. 이때 사용하는 표현이 'Lose face'입니다. 직역하면 'I don't want to be humiliated(부끄러움을 당하고 싶지 않다)'로 표현할 수도 있습니다만, 거의 들을 수 없는 표현입니다. 반대로 체면을 세웠다는 표현은 'Save face'입니다.

참고

Client vs. Customer

Client는 일반적으로 회계, 법률, 컨설팅, 디자인 등의 전문 서비스를 받는 고객이고, Customer는 물건이나 일반용역을 구매하는 고객을 의미합니다.

A heads-up! You should wear a business casual

복장은 비즈니스 캐주얼이니, 주의하길 바랍니다

📖 사전적 의미

Heads-up: 무엇인가가 일어날 것이라는 낮은 수준의 경고.

A heads-up, we should wear a jean this Friday.

이번 주 금요일에 청바지를 입이야 한다는 점 알려드립니다.

This memo gives us a heads-up that we should revisit this issue before releasing it.

이 메모는 보고서 발행 전에 해당 이슈를 우리가 다시 한번 논의해야 한다는 것을 알려 줍니다.

The client gave us a heads-up that they might not be able to prepare their financials in time.

그 고객은 그들의 재무제표를 시간에 맞추어 준비하지 못할 수도 있다는 것을 알려 주었습니다.

A heads-up, your boss looks angry.

당신 boss가 화나 보이니 주의해야 합니다.

Just give me a heads-up before you leave.

저에게 알려 주고 떠나시길 바랍니다.

Nuance Tip

'반드시 알아 두세요'라는 표현보다는 어떤 일이 일어날 수도 있으니 '참고로 알고 계세요'라는 뉘앙스입니다. 하지만 상황에 따라 참고로 알기엔 꼭 알아야 하는 일도 있습니다. 'Warning'이라는 표현은 '심각한 위험과 문제에 대해 미리 알려주는 것'으로 심각한 상황이 아닌 경우에 사용할 때 결례가 될 수도 있습니다.

Do not make a half-hearted attempt

대충하지 마세요

📖 **사전적 의미**

Half-hearted: 열정이나 관심이 없음.

He made a half-hearted attempt to review the report.

그는 보고서를 정말 대충 리뷰했습니다.

She certainly made a half-hearted attempt to prepare the memo.

그녀는 정말 그 PPT를 대충 만들었습니다.

Making a half-hearted attempt is never allowed.

대충 수행하는 것은 절대 허락될 수 없습니다.

Their praise was half-hearted.

그들의 칭찬은 사실 진심이 담겨 있지 않습니다.

His apology was surly half-hearted.

그의 사과는 사실 진심이 담겨 있지 않습니다.

I didn't want you to take a cursory look.

저는 당신이 대충 검토하지 않기를 원합니다.

Nuance Tip

직역하면 '반 정도의 마음만 가지고 일하다'라는 뜻이고, 우리식 표현에 가장 가까운 것은 '대충하다'입니다. 비즈니스 현장에서는 오히려 속어인 'half-assed attempt'란 용어를 더 많이 듣게 됩니다.

🔍 참고

'대충하다'라는 뜻으로 자주 사용되는 또 다른 단어는 'Cursory'입니다. 예를 들어 '대충 봐도 알겠네'라는 표현을 영어로 표현하면 'Even a cursory look can tell'로 표현할 수 있고, '대충 보고서를 검토하다'는 'He took a cursory look at the report'로 표현합니다.

I should wing it

즉석에서 해야 합니다

📖 **사전적 의미**

Wing it: 무엇을 하거나 말할지 준비하지 않은 채 행하다.

We have to wing it anyway.

어쨌든 지금 즉석에서 해아 한다.

We don't have time to revise the deck, so we should wing it.

그 PPT를 보완할 시간이 없다. 일단 즉석에서 하자.

Timing is everything, just wing it.

타이밍이 중요하니, 일단 즉석에서 하자.

Can you wing it?

즉석에서 하실 수 있겠어요?

I just had to wing it since I didn't bring the deck.

PPT를 가지고 오지 않아 즉석에서 했다.

Nuance Tip

대명사 it과 함께 'Wing it'이라고 표현하며, 구어체에서만 주로 사용하는 표현입니다. 격식을 갖춘 표현은 아니나 비즈니스 현장에서 자주 사용하는 표현입니다.

참고

Deck의 원래 뜻은 '모인 카드'입니다. 하지만 비즈니스 세계에서는 흔히 '파워포인트'라고 부르는 문서를 일반적으로 'Deck'이라고 이야기합니다. 정확히 이야기하면'Power point slide deck'을 줄여서 'Deck'이라고 표현합니다. 'Slide'는 'Deck'에서 한 장을 언급할 때 사용하는 단어입니다.

Could you put together a deck?

PPT를 준비해주실 수 있는지요?

📖 **사전적 의미**

Put together: 여러 가지 아이디어와 제안을 수집하고 이를 정리하여 준비하다.

Let me put the proposal deck together.

제안서 PPT는 제가 준비하도록 하겠습니다.

Let me put the new engagement team together ASAP.

제가 새로운 팀을 ASAP로 구성하도록 하겠습니다.

I need someone who can put the deck together by tomorrow.

내일까지 PPT를 준비해 줄 수 있는 누군가가 필요합니다.

Can you put those pieces together to create a new report?

새로운 보고서를 만들기 위해 정보를 취합해주실 수 있겠어요?

Now is the time to put your ideas together to visualize the report.

이제는 뭔가 눈에 보이는 확실한 보고서를 만들기 위해서 당신의 아이디어들을 모을 때입니다.

Nuance Tip

직역하면 '모으다'라는 뜻이나, 제안서를 준비할 때, 팀을 새로 구성할 때 매우 자주 사용하는 단어로 단순히 모으다가 아니라 '준비해서 모으다'라는 뉘앙스를 포함하여 사용되는 표현입니다.

참고

'ASAP(As soon as possible)'이라는 표현은 고객이나 직장 상사에게 사용할 때는 상황에 따라 무례하게 들리는 표현일 수 있어 사용하지 않는 것이 좋습니다.

Please send me his bio and credentials

그의 이력과 자격요건을 보내주세요

📖 사전적 의미

Bio(graphy): 다른 사람이 쓴 한 사람의 인생 이야기.

Credentials: 개인의 능력과 경험을 명시하고 해당 개인이 특정 직업이나 활동에 적합한 자격을 갖추고 있음을 보여주는 문서.

The client requests us to send bios and credentials of each member.

고객은 각 멤버의 이력서와 자격요건을 요구했습니다.

He has good credentials for this project.

그는 이 프로젝트에 맞는 자격요건을 갖추고 있습니다.

Academic credentials should include PhDs.

학력 자격요건에는 박사학위가 포함되어야 합니다.

I don't think you have solid credentials for this job.

저는 당신이 이 일에 적합한 자격요건을 갖추지 못했다고 생각합니다.

Your bio and credentials are excellent.

당신의 이력과 자격요건은 정말 훌륭합니다.

Nuance Tip

'Resume(이력서)'와 'CV(Curriculum Vitae, 이력서)'는 주로 입사 지원서 등에 사용되는 표현입니다. 이와는 다르게 'Bio(graphy)'는 개인의 포괄적인 이력을 언급하는 것으로, 업무 제안서 등에 첨부되는 문서입니다. 'Bio'는 일반적으로 사진을 포함하는 마케팅에 필요한 문서입니다.

'Credentials'은 공식적인 문서 등으로 증명되는 자격요건을 의미합니다. 반면에 'Qualifications'은 반드시 공식적인 문서로는 꼭 증명되지 않아도 되는 경험을 포함한 더 포괄적인 뉘앙스를 가지고 있습니다.

I'm taking over David's work and handing over my job to Chris

David의 일을 물려받고, 내 업무는 Chris에게 넘기고 있습니다

Take over: 무언가를 통제하고 책임을 지기 시작하다.

Hand over: 다른 사람에게 무언가에 대한 통제권이나 책임을 넘겨주다.

When do you want to hand the assignment over to him?

언제 그 일을 그에게 넘기길 원하십니까?

Do you think you have taken over his assignment?

당신 생각에 그의 업무를 물려받았다고 생각합니까?

Could you hand over your work this week?

당신 일을 이번 주에 넘겨주실 수 있겠습니까?

My predecessor handed over his work last week.

내 전임자는 지난주에 그 일을 넘겨주었습니다.

I must hand over my work to my successor by tomorrow.

제일을 내 후임자에게 내일까지 넘겨주어야 합니다.

Nuance Tip

단순히 '주고받다'는 뜻이 아닙니다. 업무에 대한 '책임 및 통제권을 통째로 주고받다'라는 뉘앙스가 포함되어 있습니다. 인수인계할 때 많이 사용하는 표현입니다.

I have three subordinates, and David is my direct report

저에게는 3명의 부하직원이 있고, David는 내 직속 부하입니다

Direct report: 조직 내에서 바로 아래에 있고, 관리하는 직원.

Subordinate: 조직 내에서 덜 중요한 하위직에 있는 사람.

Peter is my direct report.

Peter는 내 직속 부하입니다.

David is my supervisor, and my coach as well.

David는 내 바로 위의 상사이자, coach입니다.

I have 10 subordinates. Among them, Jason is my direct report.

저에게는 10명의 부하직원이 있고, 그 중에서 Jason이 제 직속 부하입니다.

How many direct reports do you have?

얼마나 많은 직속 부하가 있습니까?

Who is your relationship leader? I mean your supervisor.

당신의 relationship leader가 누구입니까? 제 말의 의미는 당신 바로 위 상사가 누구시냐는 뜻입니다.

Nuance Tip

대부분의 미국 직장에서는 이름을 직접 부릅니다. 하지만 연초, 연말의 공식적인 모임에서, 또는 성과평가 시즌에는 보고 체계에 대해서 명확히 하여 평가를 하게 됩니다.

일반적으로 직장 상사를 'Boss', 또는 'Supervisor', 부하직원을 'Subordinate'라고 표현합니다. 직속 부하는 'direct report'고 표현합니다.

조직마다 다르지만, 'Boss' 또는 'Supervisor'라고 하면 반감이 생길 수도 있어 'Relationship leader'라고 부르기도 하고, 'Coach'라고 부르기도 하고, 이러한 역할을 하는 인원이 따로 있기도 합니다.

Don't do it from scratch; leverage the previous work

처음부터 다시 하지 말고, 전년도 일을 활용하세요

📖 **사전적 의미**

From scratch: 이미 존재하는 어떤 것도 사용하지 않고 처음부터.

Leverage: 이미 가지고 있는 것을 이용해 새로운 것 또는 더 나은 것을 성취하다.

You don't have to do it from scratch, you should leverage the deck.

그걸 처음부터 새로 할 필요는 없고, 그 PPT를 활용해라.

My saved files have gone, so I should do it from scratch.

내가 저장해 놓은 파일이 사라져서, 처음부터 다시 해야 한다.

You can have full access to the market data by leveraging our network.

우리의 네트워크를 활용하면 너는 이 시장의 데이터에 완전한 접근권한을 갖게 된다.

We should find what we can leverage because doing it from scratch doesn't make any sense.

처음부터 다시 하는 것은 전혀 상식적이지 않기 때문에, 무엇을 활용해야 할지를 찾아야 한다.

You should leverage your experience in auto industry to get a job.

구직을 위해서는 자동차 산업에서의 경험을 최대한 활용해야 한다.

Nuance Tip

'Leverage'라는 원래 의미는 '지렛대'라는 의미입니다. 비즈니스 환경에서의 뜻은 뭔가를 할 때 처음부터 새로 시작하는 것이 아니라, '최대한 이미 되어 있는 것을 활용하다'라는 뜻입니다. 'Scratch의 원래 의미는 '상처', '흔적'이라는 뜻입니다. 비즈니스 환경에서는 'From scratch'로 표현이 되면 '완전히 처음부터 시작'이라는 뜻이 됩니다.

참고로, 'Redo'는 '잘못되었거나 한 내용을 다시 시작하다'라는 의미이므로 흔히 말하는 '맨땅에서 시작하다(From scratch)'와는 다른 뉘앙스의 표현입니다.

I know this matter to a certain extent
그 일에 대해서 어느 정도는 알고 있습니다

To some extent: 부분적으로.

To the same extent: 같은 정도로.

To some extent, I agree with you on that matter.

어느 정도는 그 문제에 대해서 동의합니다.

He should be responsible for the accident to a substantial extent.

그는 그 사고에 대해서 꽤 많은 책임을 져야 합니다.

It could make sense to some extent to start from scratch.

어느 정도는 처음부터 다시 시작해야 한다는 것이 이해되기는 합니다.

David should take responsibilities to the full extent.

David가 모든 책임을 져야 합니다.

To what extent will the original memo have to be revised?

처음 작성한 Memo는 어느 정도 수준까지 수정되어야 할까요?

To what extent does your boss have to know?

당신 Boss는 어느 정도까지 알고 있어야 할까요?

We can push back to the extent which he can accept.

그 사람이 수용할 수준까지는 우리 입장을 고수할 수 있습니다.

Nuance Tip

모든 일이 100% 완벽하게 항상 서로 의견이 일치할 수 없습니다. 그럴 때 아주 자주 사용하고, 듣게 될 용어입니다. 'To some extent', 'To a large extent', 'To the same extent', 'To the extent which ~'처럼 여러 가지 형태로 사용이 될 수 있습니다.

참고

'Push back'이라는 표현은 고객을 포함한 거래 상대방과 협의를 주고받으면서 반대 제안 등을 할 때 자주 사용하는 표현입니다.

He is still sitting on the fence

그는 아직도 결정을 내리지 못하고 있습니다

Sit on the fence: 결정을 미루다.

Don't sit on the fence. It's time to reach the conclusion.

더 이상 시간을 끌 일이 아닙니다. 결론을 내려야 할 시간입니다.

You must decide right now since you can't sit on the fence any longer.

지금 우물쭈물할 시간이 없습니다. 지금 결정하셔야 합니다.

We cannot help but wait and see as our clients are still sitting on the fence.

고객이 아직 결정하지 않았으니 일단 기다려야 합니다.

Management has been sitting on the fence as to creating a new TF team.

새로운 TF팀을 만드는 것과 관련하여 경영진은 결정을 내리지 못하고 있습니다.

There are still quite a few executives sitting on the fence.

아직도 결정을 내리지 못하고 있는 임원분들이 많습니다.

Nuance Tip

'뭔가 결정을 하지 못하고 있다'라는 뜻으로, 이러한 상황만 오면 자주 들을 수 있는 표현입니다. 직장 상사가, 또는 고객이 뭔가 결정을 내리지 못하고 있을 때 부정적인 표현으로도 많이 사용되는 표현이기도 합니다.

참고

'통제할 수 없는 상황이니 참고 기다려 보자'라는 표현은 'Wait'이라고 하지 않고 'Wait and see'라고 합니다. 'Wait'은 단순히 기다린다는 뉘앙스입니다.

비슷한 표현이지만 'We will see'라는 표현은 '아마도 기다리면 그런 일이 일어나지 않을까'라는 뉘앙스가 포함된 표현입니다.

David, you may/might want to explain to us

David, 저희에게 설명 좀 해주세요

David, you might want to walk the proposal through.

David, 이 제안서 처음부터 설명해주실 수 있는지요?

You might want to get started first.

지금 시작해주시면 좋을 것 같습니다.

You might want to reach out to Daniel.

Daniel에게 연락을 하면 좋을 것 같습니다.

You might want to check the schedule first in order to move forward.

진행하기 위해서는 일정 확인 먼저 부탁드립니다.

You might want to go over the draft.

Draft 검토 부탁드립니다.

Do you mind fitting me in though you've been busy?

바쁘신 줄 알지만, 혹시 저를 위해 시간을 내주실 수 있는지요?

📖 사전적 의미

Fit (Squeeze) in something/someone: 무언가를 하거나 누군가를 상대할 시간을 확보하다.

I know you've been super busy; would you mind fitting me in?

요즘 엄청 바쁜 줄 알고 있습니다만, 저를 위해 시간을 내어주실 수 있는지요?

Can you fit me in anytime today?

오늘 시간 좀 내어주실 수 있는지요?

I don't think she can fit you in her busy schedule.

제 생각엔 그녀는 바빠서 당신을 만날 시간이 없을 것 같습니다.

Thanks for making time for this meeting.

오늘 시간 내주셔서 감사드립니다.

Could you make time for me?

저를 위해 시간 좀 내주시죠?

Nuance Tip

'시간 있으세요'라고 하면 'Do you have time?'가 맞는 표현입니다. '시간 내어주시죠'라는 표현으로 좀 더 공손하게 이야기하면 'Make'라는 동사를 사용하여 'Would you make time for me?'라고 표현할 수 있습니다. 하지만 이와 함께 자주 사용하는 표현이 바로 'Fit(squeeze) sb/sth in'이라는 표현입니다. 바쁜 직장 상사나, 고객에게 '귀한 시간을 내어주시길 바랍니다'라는 애교 있는 표현입니다.

Could you move up/ back the meeting schedule?

미팅 일정을 앞당길 수/미룰 수 있을까요?

I have a conflict this Thursday. Can we move back?

이번 주 목요일에는 다른 일정이 있어, 일정을 뒤로 미룰 수 있을까요?

The client meeting has been moved back from today to next Monday.

고객과의 미팅이 오늘에서 다음 주 월요일로 미루어졌습니다.

Can you move up the schedule? My calendar is up to date.

일정을 당길 수 있을까요? 제 calendar는 현재 가장 최근으로 업데이트되어 있습니다.

We should move the prep meeting up to 11:30 AM.

우리는 준비 미팅을 오전 11:30으로 옮겨야 합니다.

Can I push my reservation back?

제 예약 시간을 뒤로 미룰 수 있을까요?

Nuance Tip

과거에는 '일정을 당기다'는 표현은 'Bring forward', '일정을 미루다'는 표현은 'Put off/Postpone'표현으로 많이 사용하였습니다. 최근에는 온라인 스케줄러 사용이 빈번하여 'Move up/back'이라는 표현이 훨씬 많이 사용됩니다.

온라인 스케줄러에선 시각적으로 보면 화면에서 일정 변경 시 위로 움직이면 일정을 당기는 표현이 되어 이를 'Move up'이라고 합니다. 일정을 미루는 것은 'Move back'대신 'Push back'으로도 자주 표현합니다.

참고

일정이 서로 맞지 않을 때 'A conflict'이라고 표현할 수 있습니다. 고객미팅을 포함한 중요한 미팅 이전에 있는 내부 준비 미팅을 'Prep meeting'이라고 표현합니다.

We are getting there
거의 다 마무리 단계입니다

📖 사전적 의미

Get there: 어딘가에 도착하다 또는 성공하다.

Do you think you can make it by next week? / No worries! We are getting there.

다음 주까지 끝낼 수 있겠어? / 걱정 마세요. 거의 다 되었습니다.

We are getting there. The one thing left is signing on the engagement letter.

거의 다 되었습니다. 계약서에 서명하는 것만 남았습니다.

We are at the last minute to issue the report. We are getting there.

우리는 보고서를 발행하기 위해 거의 마지막 단계에 와 있습니다. 거의 다 되었습니다.

The final proof reading is underway. We are getting there.

마지막 검증 단계입니다. 거의 다 되었습니다.

He is about to sign this letter. We are getting there.

그는 막 그 문서에 서명하려고 합니다. 거의 다 되었습니다.

Nuance Tip

일차적 의미로 '목적한 위치에 거의 다 도착했습니다'는 표현이나, 비즈니스 환경에서는 '거의 다 되었으니 걱정하지 말라'는 뉘앙스로 자주 사용하는 표현입니다.

참고

계약서 중 법률, 회계, 컨설팅 등의 서비스 회사들이 제공하는 계약은 'Engagement letter', 그 이외에 계약은 'Contract'라고 표현하는 것이 일반적입니다. 계약서 형식을 보면 'Contract'보다는 'Engagement letter'가 덜 격식을 갖춘 것처럼 보이나 법률적으로 모두 구속력이 있다는 것에는 차이가 없습니다.

Shall we pick up where we left off yesterday?

어제 우리가 논의하다가 만 사항에서 다시 시작할까요?

Let's pick up where you left off yesterday.

어제 논의하다가 중단한 사항부터 다시 시작합시다.

Disable the function 'pick up where you left off'in a word.

Word에서 이전 작업으로 가서 다시 시작하는 기능을 중지시키세요.

Once I get back to the office, I will pick up where we left off.

내가 사무실로 돌아가면, 우리가 논의하다 중지한 사항부터 다시 시작합시다.

May I pick up where we left off after having lunch?

점심 먹고 다시 시작하는 게 어떠신지요?

Is it OK to pick up where we left off yesterday?

어제 하던 거에서 다시 시작하는 게 괜찮으시겠죠?

일상생활에서 잘 아는 표현 중 '내가 살게'라는 표현 중 하나가 'I will pick up the bill/tab'라는 표현입니다. 'Pick up'은 '들어올리다'의 뉘앙스를 가지고 다양한 표현으로 적용됩니다.

비즈니스 환경에서 주로 사용되는 'Pick up'이라는 의미는 주로 아래 세 가지 의미로 사용됩니다.

뜻	대표 예시
Increase(증가하다)	The car picked up the speed fast. (차량이 급가속을 했습니다.) There is a sign of a pick-up in consumer spending. (소비자 지출 증가의 신호가 있습니다.)
Improve(향상하다)	Our sales numbers picked up this month. (우리의 매출액이 이번달에 향상이 되었습니다.) Our business has started to pick up. (우리의 비즈니스가 좋아지기 시작했습니다.)
Lift sth/sb up (데리고 오다)	I will pick you up at the airport. (내가 당신을 공항에서 데리고 오겠습니다.) Who is going to pick them up? (누가 그들을 데리고 올 예정이니?)

Memo

The risk management team will address this issue timely

위험관리팀이 그 이슈를 시의 적절하게 처리할 것입니다

📖 **사전적 의미**

Address: 어떤 사안이나 문제에 주의를 기울이거나 처리하다.

Have you addressed his concerns?

그의 걱정을 처리하였나요?

I have addressed this issue in a very timely manner.

나는 그 이슈를 아주 적절한 타이밍에 처리하였습니다.

His comments have never properly addressed this issue.

그의 언급은 이 이슈를 적절하게 처리하지 못했습니다.

You must address the independence concerns before engaging this project.

이 프로젝트를 담당하기 이전에 당신은 반드시 이 독립성과 관련된 문제를 처리해야 합니다.

The legal team must address the privacy issue.

법무팀은 이 사생활 이슈를 반드시 처리해야 합니다.

Nuance Tip

'Address'는 명사로는 '주소', 동사로는 '연설하다'라는 뜻으로도 사용되지만, 비즈니스 환경에서는 '적절하게 처리하기 시작했다'라는 의미로 대부분 사용됩니다. '완전히 해결하다'는 'Solve(=Figure out)'는 뜻과는 뉘앙스가 완전히 다른 표현입니다.

참고로 '시의 적절히'라는 표현으로 'Timely' 또는 'In a timely manner'를 자주 사용합니다.

Who will be able to work out this matter?

누가 이 문제를 적절하게 처리할 수 있을까?

📖 사전적 의미

Work out: (상황) 만족스러운 방식으로 일어나거나 발전하다. (사람) 특정한 상황에 적합하다.

No worries! I will work out this matter in a timely manner.

걱정하지 마세요. 제가 이 문제를 시의 적절하게 처리할 수 있도록 하겠습니다.

I will work it out from the client's perspective.

저는 고객의 관점에서 이것을 적절하게 처리하려고 합니다.

Who do you think is the best person working out the issue?

이 이슈를 적절히 처리하기 위해 가장 적합한 사람이 누구라고 생각합니까?

Unfortunately, nothing has been worked out.

불행하게도, 제대로 처리를 마친 일이 없네요.

I will manage to work out by this weekend.

제가 이 일을 이번 주 주말까지 어떻게든 적절하게 처리해 보도록 하겠습니다.

Nuance Tip

'Work out'은 여러 가지 뜻으로 사용되지만 개중 세 가지 표현으로 가장 많이 사용되고, 비즈니스 환경에서는 '긍정적인 방법으로 성공적으로 진행시키다'라는 표현으로 가장 많이 사용됩니다.

'Exercise'는 'Work out'과 비슷한 의미로 이외에도 '운동하다', '계산하다'라는 표현으로 사용됩니다.

It's time to take action

조치를 취해야 할 때이다

📖 사전적 의미

Take action: 문제나 어려운 상황을 다루기 위해 무언가를 하다.

Take step: 특정 목적을 위해 취해지는 일련의 행동을 하다.

You should take action to reach the conclusion as soon as possible.

결론을 빨리 내기 위해 우리는 조치를 취해야 한다.

We've got to take action to stop the plan.

그 계획을 멈추기 위해 지금 바로 조치를 취해야 한다.

We need a specialist who will take action to solve our issues.

이 문제들을 해결하기 위해 조치를 취할 수 있는 전문가가 필요하다.

BOD members urged the CEO to take action to deal with the important client.

이사회 멤버들은 이 중요한 고객들을 다루기 위해 CEO가 조치를 취하도록 강력히 권고했습니다.

Taking action immediately will minimize our loss in the future.

지금 즉시 조치를 취하는 것이 미래의 손실을 최소화하는 것입니다.

Nuance Tip

한국 비즈니스 환경에서는 '조치를 취하다'는 말을 많이 사용합니다. 미국식 표현으로는 'Take action', 그리고 좀 더 완화된 표현으로 이야기하면 구어체로는 'Do something about it'라는 표현입니다.

'조치를 취하다'라는 표현을 한국 사람은 좋아하지만 뉘앙스가 강하게 들리기 때문에 심각한 사항이 아니면 'Address'로 표현해야 할 경우가 많습니다.

다만, 심각한 상황일 때, 또는 공식적으로 취해야 할 절차에 대해서 구체적으로 언급해야 할 때는 'Take action' 또는 'Take step'이라고 표현하여 단호함을 표현해야 할 때가 있습니다.

Address, Solve/Figure out, Work out, Take action/step

우리 표현으로 '해결하다'는 표현을 원어민은 각 상황에 따라 다른 뉘앙스로 표현합니다. 일부 겹치는 뉘앙스도 있어 아래 예시를 통해 명확하게 뜻을 이해하여 상황에 맞는 표현을 사용해야 합니다.

표현	대표 예시
Address	고객 등의 불만이나 이슈를 적절하게 진정시켜 처리하다. We should address his concerns. (우리는 그의 걱정을 해결해야 합니다.)
Solve /Figure out	정확한 답을 찾아 제공하다. Money will solve his problem. (돈이 그의 문제를 해결할 것이다.)
Work out	쉽지 않은 일을 잘 처리하다. We need to work out to finish the project in time. (우리는 시간에 맞게 프로젝트를 마무리해야 한다)
Take action /Take step	실질적인 조치를 취하다 We need to take action to win the project. (우리는 그 프로젝트를 수임하기 위해 조치를 취해야 한다.)

Memo

I happened to see your comments as to his work

나는 우연히 그 사람의 일에 대해
당신이 언급한 내용을 보게 되었습니다

📖 사전적 의미

Happen to: 우연히 하거나 되다.

It happened though we did not expect.

예상하진 않았지만 어쨌든 그 일이 일어났습니다.

He happened to know he would get promoted.

그는 진급하게 될 것을 우연히 알게 되었습니다.

I happened to see Daniel in town.

시내에서 Daniel을 우연히 봤습니다.

I happened to know Mr. Kim.

Mr. Kim을 우연히 알게 되었습니다.

I'm sorry that I happened to email you.

죄송합니다만 의도하지 않게 제가 이메일을 보냈습니다.

Nuance Tip

우연히 무언가를 하게 되었거나, 알게 되었을 경우, 또는 어느 장소에 어쩌다 보니 머무르게 되었을 경우에 자주 사용하는 표현입니다. 'I was there'와 'I happened to be there'는 전혀 다른 뉘앙스이기 때문에 상황에 따라 적절하게 사용할 수 있는 표현입니다.

Is David in the office, by any chance?

혹시 David 씨 사무실에 있나요?

📖 사전적 의미

By any chance: 혹시

Did David come to the office yesterday, by any chance?

어제 혹시 David가 사무실에 왔었나요?

Do you have some time to have lunch together, by any chance?

혹시 점심 식사 함께할 시간 있으신지요?

Would you, by any chance, know where the mail room is?

혹시 Mail room이 어디인지 아시나요?

Does he feel good, by any chance?

그분 혹시 오늘 기분이 괜찮으신지요?

Have you met David, by any chance?

혹시 David 씨를 만나보신 적 있으신지요?

Nuance Tip

구어체에서 고객과 시간약속을 주고받을 때, 그리고 예의를 갖추고 일을
진행해야 할 때 항상 사용하게 되는 간단한 표현이지만, 공손하게 들리는
표현입니다.

Does 3:00 PM work for you?

3시에 시간 되세요?

Work: 의도하거나 바라는 대로 수행되거나, 무언가가 의도한 대로 되게 하다.

Would Friday work for you?

금요일에 시간 괜찮으신지요?

Tomorrow works for me.

내일 저는 시간 괜찮습니다.

Okay, next week would work for me.

다음 주는 시간 괜찮습니다.

Thanks for arranging a time. 4:00 pm would work for me.

시간 주선해주셔서 감사드립니다. 4시 오후 저는 괜찮습니다.

I hope 3:00 pm works for everyone.

오후 3시가 모든 분들에게 가능한 시간이 되길 기대합니다.

Nuance Tip

직역하면 'Are you available?'이란 표현이지만, 이 표현은 '시간이 완전히 비어 있냐'는 뉘앙스로 많이 사용됩니다. '바쁘고 시간 내기가 어렵지만, 그 시간이 괜찮을 것 같냐'는 뉘앙스로 사용하는 동사가 바로 'Work' 입니다.

참고

'Work'는 일차적으로 일하다 라는 표현으로 사용합니다. 대표적으로 'What are you working on? (너 지금 무슨 일을 하고 있어?)'이라는 표현은 거의 매일 듣고, 말하는 표현입니다. 또한 기계 등이 잘 작동하냐는 표현으로도 많이 사용합니다. 'Does your Wi-fi work? (wi-fi 잘 작동하니?)', 'Does your laptop work? (laptop은 잘 작동하니?)'입니다.

What are the upsides and downsides?

좋은 점과 나쁜 점이 무엇인가요?

Downside: 상황의 부정적인 측면.

Upside: 상황의 긍정적인 측면.

The downside of engaging with the company is expensive.

그 회사와 계약하는 것의 단점은 비싸다는 것이다.

What is your downside if you accept it?

그거 받아들이게 될 경우의 단점이 무엇인지요?

We should discuss all the potential downsides before moving on.

다음 단계로 진행하기 전에 잠재적인 단점들을 모두 논의해야 합니다.

The plan is good, but the downside is that we might lose high performers.

그 계획은 좋습니다. 하지만, 우린 아마도 일 잘하는 직원을 해고해야 할 수도 있습니다.

Upsides are not that good considering the downsides.

그 단점들을 생각했을 때 장점들이 부각되지는 않습니다.

Nuance Tip

회의할 때 자주 사용하는 표현입니다. 'Advantages/disadvantages' 라는 용어도 같은 뜻으로 종종 사용하긴 하지만, 'Advantages/ disadvantages'는 '더 나은/불리한 성공확률을 주는 환경 또는 조건'이 라는 뉘앙스로 더 많이 사용되고, 어떤 '상황의 장/단점(들)'이 무엇인지를 이야기할 때는 'Upsides/downsides'가 훨씬 적절한 표현입니다.

How is the project going?

일은 잘되고 있나요?

How is the seminar going?

세미나는 잘 진행되고 있나요?

How did the meeting go yesterday?

어제 모임은 잘 진행되었나요?

The meeting didn't go well, so we need to address their concerns ASAP.

어제 모임은 잘 진행이 되지는 않았습니다. 그래서 그들의 걱정을 ASAP로 해결해야 합니다.

How did the conference go?

그 모임은 잘 진행되었나요?

The client meeting went well yesterday.

어제 고객과의 미팅은 잘 진행되었습니다.

Nuance Tip

일이 잘되고 있다고 표현할 때 'Go well'입니다. 다른 표현으로 우리말로 직역하면 'How about your work?'라 표현할 수 있겠으나 이는 일의 진행 상황에 대해 묻는 표현이 아니라 그 일이 어떤 일이냐는 뜻의 뉘앙스로 다르게 이해될 수 있으니 주의해야 합니다.

I'm on it

네, 제가 이미 잘 챙기고 있습니다

On it: 해야 할 일을 하거나 문제를 해결하려고 노력하다.

Do you know the next step? / Don't worry, I'm on it.

다음 단계를 아시나요? 걱정하지 마세요. 제가 이미 챙기고 있습니다.

Could you get this work done by tomorrow? / I'm on it.

이 일을 내일까지 끝낼 수 있을까요? 네, 제가 지금 챙기고 있습니다.

Are you preparing the slide deck? / I'm on it.

그 PPT를 준비하실 건가요? / 네, 제가 이미 그 일을 하고 있습니다.

Have you checked the progress? / I'm on it.

진행 상황을 check하고 있습니까? / 네, 제가 이미 그 일을 챙기고 있습니다.

We should address his concern first. / No worries! I'm on it.

그 사람의 걱정을 해결해야 합니다. 걱정하지 마세요. / 제가 이미 챙기고 있습니다.

Nuance Tip

'I'm on it'은 직장 상사에게 자신 있게 내가 모든 걸 알고, 파악하고 있고, 진행하고 있다고 표현할 때 가장 자주 듣고, 사용하게 될 표현입니다. 'I'm working on it (저는 그 일을 하고 있습니다).'라는 표현은 지금 그 일을 하고 있다는 뉘앙스입니다. 어떤 일에 대해서 대부분을 다 파악하고 챙기고 있다는 뉘앙스를 가진 'I'm on it'과 다른 표현입니다.

We should expand client base to increase the pipeline

잠재적 매출을 증가시키기 위해서 고객군을 넓혀야 합니다

📖 사전적 의미

Client base: 사업체의 정기 고객.

Your client base has been growing.

당신의 고객군은 점점 증가하고 있습니다.

Our top priority is expanding west market client base.

가장 중요한 것은 서부마켓의 고객군을 넓히는 것입니다.

Our firm has a pipeline of $ 200M and a client base of more than 1,000 companies.

회사는 $200M의 잠재적 매출과, 1,000개 넘는 고객군을 가지고 있습니다.

The pipeline is very strong based on the current client base.

기존 고객에 기반한 Pipeline은 매우 견고합니다.

You have a great client base though we are expanding it slowly.

확장이 느리긴 하지만 아주 좋은 고객군을 가지고 있습니다.

Nuance Tip

회사의 전략 회의를 할 때나, 영업 미팅을 할 때 자주 사용되는 용어입니다. 'Client base'는 일반적으로 회사 기밀로 다루어지고, 모든 고객을 포함한다는 측면에서 'Client portfolio'와는 차이가 있습니다. 예를 들어 'The law firm's client portfolio is composed of auto makers, retailers and governments (그 법무법인의 고객군은 자동차 제조사들, 소매점들, 그리고 정부로 구성되어 있습니다).'

'Pipeline'란 용어도 회사 전략 회의 시 자주 사용되는 표현입니다. 기존의 고객군 중에 '실제로 물건을 팔거나 용역 계약을 성사시키기 위한 타깃에 있는 물건들과 프로젝트(들)'을 의미합니다. 지금의 성과가 좋지 않더라도, Pipeline 금액이 충분하다면 미래 성과에 대해 기대해볼 만한 상황이라고 할 수 있습니다.

We need at least a
24-hr turnaround time

완성하는데 적어도 24시간이 필요합니다

📖 **사전적 의미**

Turnaround: 작업을 완료하는 데 걸리는 시간, 제품을 공급하는 데 걸리는 시간 등.

It needs a quick turnaround time.

이것은 짧은 납기가 필요합니다.

Four days is too long, so you must improve the turnaround.

4일의 기간은 너무 깁니다. 우리는 납기를 줄여야 합니다.

I believe turnaround time for each job is about 36 hours.

저는 일의 납기가 약 36시간 정도 된다고 믿습니다.

Quick turnaround time is not always good if it fails in securing the quality.

품질을 맞출 수 없다면, 빠른 납기가 항상 좋은 것은 아닙니다.

Improving the turnaround is our top priority, but we don't want to compromise the quality.

납기를 줄이는 것은 항상 최우선의 일입니다. 하지만 품질을 포기할 수는 없습니다.

Nuance Tip

'TAT'로 표현하기도 하며, 우리 표현으로 하면 '맡겨진 일이 완성된 시간'이라는 뜻입니다. 고객은 항상 신속한 turnaround를 원하고, 반대로 빠른 turnaround는 제공하는 서비스의 품질을 보증할 수 없을 때가 많습니다. 단순히 고객에 대한 대응을 언제까지 가능한지를 나타내는 'Response time', 전체 공정기간을 주로 표현하는 'Lead time'과는 완전히 다른 뉘앙스입니다.

Compromise, Sacrifice

비즈니스 현장에서 잘못 사용되는 용어 중 하나가 'Compromise' 와 'Sacrifice'입니다. 아래 예시를 통해 확인해 보도록 하겠습니다.

단어	대표 예시
Compromise	(뜻) 우리의 가치를 어쩔 수 없이 타협하다. He compromised our value to win the project. (그는 프로젝트를 수임하기 위해 우리의 가치를 타협하였습니다.) He compromised the quality to meet the due date. (그는 종료일을 맞추기 위해 우리의 품질을 타협하였습니다.)
Sacrifice	(뜻) 희생하다 He sacrificed his position to get David promoted. (그는 David를 승진시키기 위해 그의 위치를 희생하였습니다.) He sacrificed his reputation to protect the team. (그는 팀을 보호하기 위해 그의 명성을 희생했습니다.)

Memo

I want you to get it right first

당신이 일단 일을 제대로 하기를 원합니다

We need to meet the deadline, but we need to get it right first.

납기를 맞추어야 합니다. 그러나, 일도 제대로 해야 합니다.

To get it done quickly is important, but getting it right is our priority.

일을 빨리 해내는 것은 중요합니다. 하지만, 제대로 하는 것이 우리의 우선순위입니다.

We can't compromise our quality; we should get it right.

품질을 타협할 수 없습니다. 제대로 해야 합니다.

I know what we have been doing, but now it's time to get it right.

나는 지금 무엇을 하는 줄 압니다. 하지만 이제는 일을 제대로 해야 할 때입니다.

I've been trying my best to get it right, but it will take time.

나는 일을 제대로 하기 위해 최선을 다했습니다. 그러나 시간이 분명히 소요될 것입니다.

Nuance Tip

고객과 일하다 보면, 납기를 맞추기 위해 제대로 일하지 못 한 경우가 종종 있습니다. 하지만, 때로는 빨리하는 것보다 일단 제대로 일을 하는 것이 중요합니다. 이를 'Do the right things'로 표현하기도 합니다.

이와 비슷하게 사용하지만 다른 뉘앙스가 있는 표현이 'Make it right(제대로 하자)'인데, 이는 '이미 틀린 것을 수정해서 바로 잡자'는 뉘앙스입니다. 'Get it right'는 '처음부터 똑바로 하자'와 '수정해서 바로 잡자'는 두 가지 의미로 모두 사용되나, 대부분의 경우에는 '처음부터 똑바로 하자'는 의미입니다.

I will escalate this issue to the top-level management

이 이슈를 최상위 경영진에 보고할 예정입니다

📖 사전적 의미

Escalate: 상황이나 문제에 더 중요하거나 직위가 높은 사람을 참여시키다.

Report: 누군가에게 무언가에 대한 설명이나 정보를 제공하다.

This matter is a HR issue, so I need to escalate it to the HR team.

이 문제는 HR 이슈이기 때문에, HR 팀에 보고하도록 하겠습니다.

We need to escalate the issue to the upper-level management team.

우리는 이 이슈를 상위 부서로 이관해야 합니다.

The client is threatening David to escalate his complaint.

그 고객은 불만을 상위 부서에 보고하겠다고 David를 협박하고 있습니다.

Please do not escalate this matter to my boss.

이 문제를 제 boss에게 알리지 말아 주세요.

We should address this matter ASAP, or he will escalate it.

신속하게 이 문제를 해결해야 합니다, 그렇지 않으면 그는 그것을 상위 부서에 보고할 것입니다.

Nuance Tip

원래의 뜻은 '무엇인가를 더 심각하게 하거나, 크게 하다'로 사용됩니다. 비즈니스 환경에서는 회사의 조직 체계에서 '상위 부서가 참여하게 하다' 는 뜻으로 많이 사용합니다.

우리말로 자주 사용하는 'Report(보고하다)'는 뜻은 '정보를 알려주다'라 는 의미의 뉘앙스로 상위 팀과 논의가 필요한 사항을 보고해서 협의하는 'Escalate'와는 다른 뉘앙스를 가진 표현입니다.

It's time to play it cool

냉정하게 행동할 때입니다

📖 사전적 의미

Play it cool: 차분하고 통제된 방식으로 행동하며, 종종 자신이 정말로 원하는 것에 관심이 없는 것처럼 의도적으로 보이다.

We have done our best, and we should play it cool.

우리가 할 수 있는 최선을 다했으니, 냉정하게 행동해야 할 때입니다.

I know your team is so upset, but you have to play it cool.

나는 당신 팀이 매우 격양되어 있는 것을 압니다. 하지만 우리는 냉정하게 행동해야 합니다.

Even if we could lose money, we should play it cool.

우리가 돈을 잃을 수 있다고 해도 대수롭지 않게 행동해야 합니다.

Calm down. It depends on how you can play it cool.

진정하세요. 그것은 당신이 얼마나 냉정하게 행동할 수 있느냐에 달려 있습니다.

Be humble always, but sometimes you need to play it cool.

항상 겸손하십시오. 하지만 당신은 때로는 냉정하게 행동해야 할 때가 있습니다.

Nuance Tip

냉철하게 행동해야 할 때도 사용되지만, 냉철하게 행동하는 것처럼 보여야 할 때도 사용되는 표현입니다. 예를 들어, 고객을 잃더라도 냉정하게 일을 해야 할 때(Play it cool) 가 있고, 기분 나쁜 일이 있었음에도 불구하고 아무 일 없는 것처럼 행동해야 할 때(Play it cool)가 있습니다.

We can't burn boats /bridges under any circumstances

어떤 상황에서도 고객과 관계를 끊을 수는 없습니다

📖 사전적 의미

Burn boats/bridges: 돌아갈 수 있는 모든 가능한 방법을 파괴하다.

David is so mean, but we don't want to burn bridges.

David는 정말 못되게 행동하지만 그와 관계를 끊을 수는 없다.

Though he has gone to our competitor, we can't burn bridges.

그가 우리 경쟁 회사로 갔다고 해도, 우리가 그와 관계를 끊을 수는 없다.

We cannot help but burn bridges, so do not issue any reports until the money is collected.

우리는 관계를 끊을 수밖에 없어, 돈을 받을 때까지 절대 어느 보고서도 보내지 말아라.

Don't be afraid to burn bridges because it's time to play it cool.

이제는 냉정해야 할 때이기 때문에 관계가 끊어지는 것에 대해 두려워하지 말아라.

Even if you're dismissed from a job, be calm not to burn bridges.

네가 해고를 당했더라도, 관계가 끊어지지 않도록 냉정해라.

Nuance Tip

'고객과의 관계를 끊다'라는 표현으로, 대부분의 경우 not을 사용하여 '끊을 수는 없다'라는 표현으로 사용됩니다.
참고로 '우린 모두 같은 어려운 상황에 처해 있다'는 표현은 'We are in the same boat'로 표현합니다.

Please give us a ballpark figure for the sales

매출 숫자에 대해서 대략의 추정치를 주세요

📖 **사전적 의미**

Ballpark: 추측이지만 정확한 수치에 가깝다고 믿는 수치.

I know it's hard to estimate, but we need your ballpark figure.

추정하기가 어렵다는 것을 알고 있습니다만, 우리는 대략의 숫자라도 필요합니다.

K company's ballpark figure seems reasonable.

K 회사의 대략적인 숫자는 합리적으로 보입니다.

As a ballpark figure, we could say it would be around $2 mil.

그건 대략 $2mil 정도라고 생각됩니다.

Let me get to the point, please give me your ballpark figure.

요점으로 들어가서, 대략의 추정 숫자라도 알려주시죠.

The fee could go up, but it would be in the ballpark estimate.

가격이 오를 수도 있습니다. 하지만 그 가격은 예측치를 벗어나진 않을 것입니다.

Nuance Tip

프로페셔널 서비스를 제공하는 업무를 하는 사람들이 가장 많이 받는 질문 중 하나는 '대략이라도 fee를 알려 주세요'라는 문의입니다. 이때 가장 많이 사용하는 단어가 'Ball park figure/estimate'입니다.

이 표현은 '아주 정확할 필요는 없지만 어느 정도 정확한 근접치'의 뉘앙스이기 때문에 흔히 듣는 대략의 'Rough estimate'보다는 더 정확한 수치를 제공해야 합니다.

I have a previous client commitment

제가 고객과의 중요한 선약이 있습니다

📖 **사전적 의미**

Promise: 뭔가를 확실히 하겠다고 말하다.

Appointment: 특정한 시간과 장소에서 누군가를 만나거나 방문하기 위한 공식적인 약속.

Commitment: 반드시 해야 하는 일이나 처리해야 할 일.

I won't be able to come tomorrow since I have an important commitment with a client.

제가 고객과의 중요한 약속이 있어, 내일 올 수가 없습니다.

I will have a half day off as I have doctor's appointment tomorrow.

제가 내일 병원 약속이 있어 반차를 사용해야 합니다.

Could you give me a commitment that the report will be issued by this week?

이번 주까지 보고서가 발행될 것을 저에게 약속해주실 수 있겠습니까?

He won't get promoted because he failed in showing his commitment.

그는 commitment를 보여주지 못했으므로 진급하지 못할 것입니다.

He promised me to send me an email.

그는 저에게 이메일을 보낼 것이라고 약속했습니다.

Nuance Tip

'약속'이라는 표현을 할 때 어휘 선택에서 실수가 많은 표현입니다. 'Appointment'는 '사전에 약속된 중요한 만남'을 언급합니다. 'Doctor's appointment'가 대표적인 예입니다. 고객과의 미팅을 'Appointment' 라고 표현하지는 않습니다. 단순한 약속을 의미하는 'Promise'와도 다른 뉘앙스입니다.

고객과의 만남은 'Meeting'이라고 표현하는 게 가장 일반적입니다. 다만, 아주 중요한 약속을 언급할 때는 'Commitment'를 사용해야 정확한 뉘 앙스가 전달됩니다.

We should convince him of buying our products

그가 우리 상품을 살 수 있게 확신을 주어야 합니다

📖 **사전적 의미**

Persuade: 누군가가 무언가를 하도록 좋은 이유를 제공하거나, 그 사람에게 말을 걸어 믿게 함으로써 그 사람이 무언가를 하거나 믿게 만들다.

Convince: 누군가가 무엇인가를 믿게 하거나 무엇인가를 하게 하다.

David's expression had certainly convinced her of his capability.

David의 표현은 그의 능력을 그녀에게 확신시켜 주었습니다.

We should figure out how to convince him of our capability.

우리는 어떻게 그에게 우리의 능력에 대해서 확신을 줄 것인지 해결책을 찾아야 합니다.

We won't be able to persuade him to wait.

우리는 그 사람이 기다리도록 설득할 수 없습니다.

Can you persuade him not to go on that day?

그날에 그가 갈 수 없도록 설득 좀 해 주시겠습니까?

Convincing C-level clients surely takes time.

C-level 고객을 설득하는 것은 확실히 시간이 소요됩니다.

Please don't twist my arm since I can't decide right away.

저를 너무 설득하려 하지 마세요. 왜냐하면 저는 지금 바로 결정을 할 수가 없습니다.

Nuance Tip

'Convince'는 누군가에게 '무엇을 믿게 하는'뉘앙스가 강하고, 'Persuade'는 '설득하는' 뉘앙스가 강합니다. 비즈니스 환경에서는 확신을 주어 행동을 변경하게 하는 'Convince'가 적합한 경우가 많습니다. 격식 있는 표현은 아니지만, 신뢰가 있는 거래 상대방으로부터 자주 들을 수 있는 표현이 'Twist someone's arm(끈질기게 설득하다)'입니다.

Feel free to get anything off your chest

마음에 담고 있는 사항을 진솔하게 이야기해 보세요

📖 **사전적 의미**

Get sth off your chest: 오랫동안 걱정시키거나 죄책감을 느끼게 했던 일을 누군가에게 이야기하다.

Get it off your chest, tell me whatever you have in your mind.

마음에 담고 있는 것을 이야기해 봐.

I talked to my relationship leader, and I got things off my chest.

저는 제 relationship leader에게 이야기했고, 내 마음속에 있는 것을 털어놓았습니다.

If you get it off your chest, you will feel better.

당신이 마음속에 있는 것을 다 이야기하면, 기분이 더 나아질 것입니다.

This evaluation season is the only opportunity to get things off your chest.

지금 평가 시즌이 당신의 마음속에 담고 있는 모든 것을 이야기할 수 있는 기간입니다.

Don't get it off your chest when you talk to David, he is not that person you might expect.

David하고 이야기할 때, 네 마음속에 있는 것을 이야기하지는 마, 그 사람은 네가 기대하는 그런 사람은 아니야.

Nuance Tip

염려하고 있는 사항들, 마음속에만 담아두고 표현하지 못하는 사항들을 말하는 것을 뜻합니다. 회사의 평가 시즌에 직장 상사와 또는 피평가자와 면담을 하게 될 경우에 많이 듣고 사용하는 표현입니다.

직역하면 'Tell me everything you want to say'로 표현할 수 있으나, 상황에 따라 분위기를 부드럽게 만드는 표현이 바로 'Get sth off your chest'입니다.

It's time to showcase our ability

이제 가진 능력을 제대로 보여줄 시간입니다

Showcase: 가장 좋은 특성이나 부분을 보여주다.

The meeting will give you a great chance to showcase our firm's ability.

그 미팅은 우리 회사의 능력을 보여줄 최상의 기회를 제공할 것이다.

We want to showcase our expertise in a humble way.

우리는 우리의 전문적인 실력을 매우 겸손하게 보여주길 원합니다.

Let's showcase our talent to win this project.

이 프로젝트를 수임하기 위해 우리의 능력을 보여줍시다.

The conference was a real showcase of our firm's new strategy.

그 conference는 우리 회사의 새로운 전략을 보여주는 최고의 무대였습니다.

Subject matter experts showcase not only their expertise but their passion.

전문가들은 그들의 전문 지식뿐만 아니라 그들의 열정도 보여주었습니다.

Nuance Tip

우리가 가진 최상의 것을 보여준다는 표현입니다. 이 단어는 프레젠테이션을 준비할 때, 또는 실제로 고객 앞에서 프레젠테이션을 할 때 자주 사용하는 표현입니다.

고객 앞에서는 약간은 과장된 확신을 줄 경우가 있습니다. 우리의 능력을 보여주어야 할 때 'explain(설명하다)', 'show(보여주다)', 'walk through(차근차근 설명해주다)'이런 단어를 통해 설명할 수도 있습니다. 하지만 어느 순간 반드시 우리의 가치를 보여주어야 할 때는 showcase를 해야 합니다.

Our knowledge in automotive industry is second to none

우리의 자동차 산업에 대한 지식은 최고입니다

📖 사전적 의미

Second to none: 다른 모든 것과 동등하거나 더 좋음.

Exceptional: 평소보다 훨씬 더 뛰어난, 특히 기술, 지능, 품질 등 측면에서 많이 사용됨.

Outstanding: 분명하게 일반적인 것보다 훨씬 훌륭한.

Our automotive industry capability is second to none.

우리의 자동차 산업의 능력은 정말 최고입니다.

Our tax practice is second to none.

우리의 tax 부서는 정말 최고입니다.

His ability to deal with difficult clients is second to none.

어려운 고객을 다루는 그의 능력은 정말 최고입니다.

Our reputation in the accounting industry is second to none.

우리의 회계산업의 평판은 세계 최고입니다.

Our performance is second to none.

우리의 성과는 정말 최고입니다.

Nuance Tip

'좋습니다'로 표현되는 'Good'은 사실 그저 그렇다는 의미일 경우가 많습니다. 예를 들어, 'He did a good job/He did a OK job'. 이라는 표현은 대부분 상황에 따라 그저 그런 일을 했다는 표현으로 사용됩니다.
'Second to none' 또는 'Unapparelled'라는 표현은 공식적인 서비스 제안 등을 할 때 어필하기 위해 자주 사용되는 표현입니다.

Exceptional, Outstanding, Excellent

서비스나 제품에 대해서 평가할 때, 누군가를 칭찬할 때, 굳이 순서를 따지자면 아래와 같습니다.

1) Exceptional

2) Outstanding

3) Excellent

4) Very good

5) Good

6) Satisfactory

7) Fair

8) Marginal

9) Poor

'Good'이 5등입니다.

예를 들어, 아래와 같은 표현을 일상에서 많이 듣게 됩니다. 원어민은 'Good'이란 걸 사용할 때 사실 그저 그렇다, 또는 아래와 같이 '괜찮다'라는 정도의 뉘앙스로 사용하는 경우가 많습니다.

A: Do you want a cup of coffee?

B: Thanks for asking, but I'm good. (괜찮습니다)

A: Do you need any help?
B: Thanks, but I'm good. (괜찮습니다)

We should capitalize on this opportunity to grow revenue

매출을 증가시키기 위해 이번 기회를 잘 활용해야 합니다

📖 사전적 의미

Capitalize: 상황을 자신에게 유리하게 이용하다.

When you visit Korea next week, you should capitalize on the visit for expanding your client base.

다음 주 한국에 방문할 때, 당신은 고객군을 넓히기 위한 기회로 활용해야 합니다.

How can I capitalize on this meeting opportunity?

어떻게 제가 이 만남의 기회를 활용할 수 있을까요?

We all have the same chances; the difference is who is going to capitalize on those chances.

우리 모두 동일한 기회를 가지고 있습니다. 다만 그 차이는 누가 그 기회들을 잘 활용하냐는 것입니다.

I should take advantage of my laptop's new functions.

제 laptop의 새로운 기능을 모두 활용해야 합니다.

I don't want to take advantage of his good intention.

나는 그의 좋은 의도를 나쁜 방향으로 이용하고 싶지 않습니다.

Nuance Tip

직역하면 '우리의 자본으로 만들다'라는 표현이나, 의역하면 '단순한 기회를 눈에 보이는 성과물로 만들어 내다'로 표현이 가능합니다.

비슷한 표현으로 'Take advantage of~'라는 표현이 있으나 이 표현은 '착취하다'라는 부정적인 의미로도 많이 사용됩니다. 예를 들어 'I took advantage of his not knowing about it(그가 모르고 있는 상황을 이용했습니다)'처럼요.

'Capitalize'는 내 자산으로 만든다는 뉘앙스로, 대부분 긍정적인 상황에서 쓰이고, 훨씬 더 적극적인 행동을 수반하는 표현으로 자주 사용하는 표현입니다.

Can I get/bring you up to speed?

그동안 진행 사항에 대해서 신속하게 업데이트해 드릴까요?

📖 사전적 의미

Speed up: 더 빨리 발생하거나 어떤 일이 더 빨리 일어나도록 만들다.

He will help speed things up.

그는 그것들을 빨리 진행하도록 도울 것입니다.

Those clarifications will help speed things up.

그 해설은 그것들을 빨리 진행하는 데 도움을 줄 것입니다.

His involvement and instructions will speed things up.

그의 참여와 지시사항은 일들을 빨리 진행시킬 것입니다.

We are behind the schedule. Let's speed up.

우리는 너무 뒤처져 있습니다. 속도를 내도록 합시다.

I will bring you up to speed.

제가 신속하게 설명해 드리겠습니다.

Nuance Tip

비슷한 표현이긴 하지만 'Hurry up'은 '빨리 해, 서둘러'라는 뜻으로 지금 급한 상황을 강조하는 뉘앙스입니다. 때론 상황에 따라 약간 무례한 표현이 될 수도 있고, 직설적인 표현이기도 합니다.

'Speed up'은 대부분 긍정적인 표현으로, '지금 하고 있는 일의 속도를 증가시키자'는 뉘앙스 이거나, '과거에 뒤처져 있던 일을 빠르게 업데이트하다'는 뉘앙스를 가지고 있습니다.

Keep up the good work
계속 잘 부탁드립니다

📖 **사전적 의미**

Keep up the good work: 계속해서 열심히 일하세요.

You folks have been doing great. Please keep up the good work!

당신들 지금까지 너무 잘 해내고 있습니다. 앞으로도 잘 부탁드립니다.

The progress looks good so far. David, keep up the good work!

진행 상황은 지금까지 아주 좋습니다. 앞으로도 잘 부탁드립니다.

Your snapshot looks great. Keep up the good work!

당신의 snapshot은 정말 좋아 보입니다. 앞으로도 잘 부탁드립니다.

I heard that your team was keeping up the good work!

당신 팀이 정말 잘하고 있음을 들었습니다.

Your speech is so impressive. Keep up the good work!

당신의 연설은 정말 감동적입니다. 앞으로도 잘 부탁드립니다.

Nuance Tip

팀원을 격려하기 위해 자주 쓰이는 용어는 'Great job', 'Well done', 'Keep it up', 'Way to go', 'You've got it made', 'You're learning so fast' 등의 여러 가지 표현이 있습니다.

그중에서도 우리말로 자주 표현하는 '계속 수고해주세요', '수고가 많으십니다' 뉘앙스에 가장 잘 맞는 표현은 'Keep up the good work'입니다.

Let's get the ball rolling

일단 시작합시다

📖 **사전적 의미**

Get/start the ball rolling: 무언가를 시작하거나 일어나게 하다.

Let's get the ball rolling by drafting a contract.

일단 계약서부터 drafting하면서 시작해보도록 합시다.

It should be a perfect time to get the ball rolling.

일단 시작하기에는 가장 완벽한 시간입니다.

Here are things you may need in order to get the ball rolling.

일단 시작하기 위해 필요한 사항들이 여기에 있습니다.

Do you need anything at this moment to get the ball rolling?

일단 시작하기 위해서 당신이 필요한 사항이 있습니까?

You've got to assign David to get the ball rolling.

당신은 일단 David를 지목하여 시작해야 합니다.

Nuance Tip

'지금 시작하자'라는 표현입니다. 'Let's get started', 'Let's begin' 등과 같은 뜻입니다. 다만, '완벽하게 준비되지 않은 상황이긴 해도 일단 시작하자'는 뉘앙스를 가지고 있습니다. 참고로, 'Keep the ball rolling'하면 '계속 진행하자'는 의미입니다.

My team is short-handed
저희 팀은 사람이 부족합니다

📖 **사전적 의미**

Short-handed: 회사나 조직에 일손이 부족함.

My team is so short-handed that even directors work during weekend.

저희 팀은 지금 사람이 부족하여, 디렉터 분들도 주말에 일을 합니다.

David has been working hard since his team is short-handed.

David는 팀에 사람이 없어서 열심히 일을 합니다.

Our firm is always short-handed during the busy season.

우리 회사는 바쁜 시즌에는 항상 일손이 부족합니다.

HR team is hiring more staff because we are understaffed.

인사팀은 사람이 부족하기 때문에 staff를 더 고용할 것입니다.

Which team will be short-handed next month?

다음 달에는 어느 팀이 일손이 부족한가요?

Nuance Tip

'Short-handed'라는 표현은 정상적인 일을 하기 위해서는 지금 사람이 부족해서 정상적인 일이 불가능 하다는 뉘앙스를 가지고 있습니다.

비슷한 표현인 'Understaffed'는 지금은 겨우 운영은 되나 나를 도와줄 사람이 부족하다는 뉘앙스를 가지고 있습니다.

정상범위를 넘어서 한참 바쁠 때 이야기할 수 있는 표현이 'Short-handed'이고, 업무가 연중 일상적으로 많을 때 사용하는 표현이 'Understaffed'입니다.

I will surely be able to fill you in

그동안 업데이트된 상황에 대해서 설명해드리도록 하겠습니다

📖 사전적 의미

Fill in: 특히 상대방이 없는 자리에서 일어난 일을 상대방에게 알려 주다.

Don't worry, I will fill you in tomorrow.

걱정하지 마세요. 제가 내일 상황에 대해서 업데이트해 드리도록 하겠습니다.

What happened at the meeting? Please fill me in when you have a chance.

그 미팅에서 무슨 일이 일어났나요? 혹시 기회 있을 때 저에게 좀 알려 주세요.

A lot of things have recently happened. I will fill you in next week.

많은 일들이 최근에 일어났습니다. 제가 다음 주에 업데이트해 드리도록 하겠습니다.

My boss wanted me to fill him in at some point next week.

내 상사는 다음 주 어느 시점에 업데이트해 주기를 원합니다.

I know you have been super busy, but I need to fill you in today.

나는 당신이 매우 바쁘다는 것을 압니다. 그러나 오늘 당신에게 꼭 업데이트해 드려야 합니다.

Nuance Tip

직장 상사가 모든 일을 다 알 수 없고, 개략적인 상황만을 알고 있을 경우가 많습니다. 그럴 경우 어느 시점에는 전체를 정리해서 보고해야 할 일이 있습니다. 또 때론 일들이 빠르게 진행될 때, 직속 상사에게 보고할 기회가 없다가 정리하여 보고해야 할 때도 있습니다. 이럴 때 사용하는 표현이 'Fill (someone) in'입니다.

Please bear with my voice since I have a sore throat

지금 목이 아파서, 제 목소리 양해 부탁드립니다

📖 **사전적 의미**

bear with sb/sth: 누군가에게 정중하게 정보를 알아내거나, 하고 있는 일을 마무리하는 동안 기다려 달라고 요청하다.

Please bear with me a minute; my laptop has been frozen.

잠시만 양해 부탁드립니다, 제 laptop이 작동하지 않습니다.

Please bear with me while I explain what happened.

내가 무슨 일이 벌어졌는지 설명할 동안 잠시 양해 부탁드립니다.

Please bear with me for next few minutes because we should download the file.

제가 몇 분 동안 파일을 다운로드해야 해서 잠시 양해 부탁드립니다.

If you bear with our team a minute, our team will get it done.

잠시 제 팀 좀 양해해주시면, 곧 완료할 예정입니다.

Please bear with my voice because my voice is breaking up due to the poor signal.

신호가 좋지 않아 제 목소리가 잘 안 들리니, 양해 부탁드립니다.

Nuance Tip

'Bear with me'라는 표현은 어떠한 이유로 인해 정중하게 양해를 구할 때 자주 사용됩니다. 'I'm sorry that~'는 죄송하다는 것을 표현하는 뉘앙스이고 'Bear with~'는 잠시 동안 양해를 구한다는 뉘앙스입니다.

한국적인 정서상 직역하면 대부분 'I'm sorry that~'라는 표현으로 번역하여 사용할 수 있으나, 'Sorry'라는 표현은 대부분 잘못한 점이 있거나, 유감을 표현할 경우에 주로 사용해야 합니다.

You should hold accountable for the annual performance

연간 실적에 대해서 완전히 책임지는 자세를 가져야 한다

📖 **사전적 의미**

Accountable: 자신이 하는 일에 대해 전적으로 책임을 짐.

I will hold him accountable regardless of whether he blames on his team members.

그가 팀 멤버를 비난하든 말든간에 나는 그에게 완전한 책임을 지게 하겠습니다.

I will hold you accountable for your team's mistakes.

나는 당신 팀의 실수들에 대해서 당신에게 완전한 책임을 지게 하겠습니다.

I will hold you responsible if anything happens to him.

만약 그 사람에게 무슨 일이 발생한다면, 당신이 책임을 져야 합니다.

If you're the team leader, you should hold yourself accountable for any misdemeanor of your staff.

만약 당신이 팀의 리더라면, 당신 팀의 어떠한 잘못에 대해서도 완전한 책임을 져야 합니다.

He should still be held accountable for his own actions.

그는 본인의 행동에 대해서 여전히 완전한 책임이 있습니다.

Nuance Tip

'Hold someone responsible'보다 'Hold someone accountable'이라는 표현이 훨씬 강한 뉘앙스로 온전한 100% 책임을 져야 한다고 할때 자주 사용하는 표현입니다. 예를 들어 'We should not hold each team responsible, but we must hold each team accountable (각각의 팀에 단순히 책임 의무만 지지 않고, 완전한 책임을 지게 해야 한다).'
강한 뉘앙스를 가지고 있어 긍정적인 상황보다는 누군가가 책임을 지지 않고 회피할 때 책임이 있음을 강조하는 표현으로도 많이 사용됩니다.

I will give you credit for this work

이번 일은 네 덕분에 잘 될 거야

📖 사전적 의미

Credit: 칭찬, 승인 또는 명예.

Be a credit to sb/sth: 어떤 사람, 집단 또는 조직이 자랑스러움을 느끼거나 칭찬을 받을 만한 일을 하다.

You must give credit to David for finishing the project in time.

David이 그 프로젝트를 일정 내에 마무리한 것에 대해서 너는 칭찬해야 한다.

You must give him credit for winning this project.

그 프로젝트를 수임한 것에 대해서 그를 칭찬해야 한다.

He is taking the biggest risk, so I cannot help but give him credit for that.

그가 가장 큰 리스크를 떠안았기 때문에 칭찬을 해줄 수밖에 없다.

Thanks for giving me credit for this work.

이 업무에 대해서 인정해주신 것에 대해서 감사드립니다.

You will get credit you deserve if you work hard.

만일 당신이 일을 열심히 하면 당연히 받아야 할 인정을 받게 될 것이다.

Nuance Tip

'Credit'의 일차적인 의미는 '신용'이라는 의미이고, 비즈니스 현장에서 사용될 때는 '칭찬', '인정'이라는 의미입니다. 다만 'Give (someone) credit'이라고 표현하면 단순히 '칭찬하다'라는 뉘앙스가 아닌 '공식적으로 누군가의 공을 인정하다'라는 의미로 사용됩니다.

I learned that he would leave soon

그가 곧 떠나게 될 것이라는 사실을 알았습니다

57

📖 **사전적 의미**

Learn: 자신이 모르는 사실이나 정보를 말해주다.

I learned from the meeting that the client could switch the service firm.

서비스 회사를 변경할 것이라는 사실을 우리는 고객과의 미팅을 통해서 알게 되었습니다.

I learned that he had not been supportive.

나는 그가 그렇게 도움을 주지 못하고 있음을 알았습니다.

I learned that he wouldn't be able to be with us any longer.

나는 그가 우리와 함께하지 않을 것이라는 사실을 알았습니다.

I learned that the client was not transparent.

저는 그 고객이 투명하지 않다는 것을 알았습니다.

I learned that the system was not so fast as we anticipated.

저는 그 시스템이 우리가 기대한 것만큼 빠르지 않다는 사실을 알았습니다.

Nuance Tip

'책을 통해, 또는 다른 활동 등을 통해 배우다'라는 일차적인 의미가 있습니다. 하지만 비즈니스 환경에서 'Learn'은 '배우다'라는 뜻보다 '알게 되다'라는 약간은 다른 뉘앙스로 훨씬 많이 사용됩니다.

'사실을 알고 있었다'고 표현할 때는 'I knew it'이라고 표현하고, 'I Learned it'은 이번에 '어떤 이유로 인해 알게 되었다'는 의미에서 다른 뉘앙스를 가지고 있습니다.

How can we recognize his achievement?

그의 성과에 대해서 어떻게 인정해줘야 할까요?

58

📖 사전적 의미

Recognize: 누군가 또는 개인이나 집단의 업적에 대해 대중의 감사를 표하다.

He recognized our firm's service by awarding monetary gift card.

그는 우리 회사의 서비스에 대한 감사의 표시로 상품권을 전달하였습니다.

When his achievement is recognized, bonus should be paid.

그의 성과에 대해서 확인이 되었다면, 보너스가 지급되어야 합니다.

Don't worry. Your performance has been recognized.

걱정하지 말아라. 당신의 성과를 잘 알고 있습니다.

Monetary recognition is always better than non-monetary recognition.
돈으로 보상해주는 것이 항상 그렇지 않은 경우보다 낫습니다.

Everyone can recognize your team's achievement.
모든 사람이 당신 팀의 성과를 잘 알 수 있습니다.

Nuance Tip

단순히 '인지하고 있다'는 일차적인 의미에 더하여, 누군가의 성과 등에 대해서 '인정한다'라는 뜻입니다. '인정한다'는 의미로 사용할 때는 'Respect(존경하다)'와 유사한 의미로 사용됩니다.

다만, 굳이 구분하자면 'Recognize'는 부하직원에게 주로 사용되고, 'Respect'는 주관적인 뉘앙스로 상사에게 주로 사용하는 표현입니다.

Know, Learn, Recognize, Respect

업무 현장에서는 '알고 있었다', '알게 되었다', '인지하고 있다'등 등의 표현을 자주 사용하게 됩니다. 아래와 같이 상황에 맞게 적절한 표현을 사용하는 것이 필요합니다.

뜻	대표 예시
Know (알고 있다)	I knew you were wrong. (나는 네가 틀렸다는 걸 알고 있었다.)
Learn (알게 되었다)	I learned you were wrong after the meeting with him. (나는 그와 미팅 이후에 네가 틀렸다는 것을 알게 되었다.)
Recognize (인식하다, 인정하다)	I can recognize you. Haven't we met before? (나는 당신을 알아보겠습니다. 우리가 지난번에 만나지 않았나요?) I recognized that you did an excellent job. (나는 당신이 정말 일을 잘했다는 것을 인정합니다.)
Respect (존경할 만큼 인정하다)	I respect your achievement. (나는 당신의 성과에 대해 존경합니다.)

Memo

Please help him with this work as a gesture of goodwill

일단 호의로 이번 일은 그를 돕기로 합시다

📖 사전적 의미

Goodwill: 사람들에게 좋은 일이 일어나기를 바라는 친절한 태도.

We will do the additional work as a gesture of goodwill even if it's not in the work scope.

우리 업무 범위가 아니더라도, 호의로 우리는 추가적인 업무를 하게 될 것입니다.

We can help you with this matter out of goodwill.

당신의 문제를 우리의 호의로 도울 것입니다.

At first, we should win his goodwill to win future potential projects.

일단, 우리는 그의 호의를 얻어서 미래의 잠재적인 프로젝트를 수임해야 합니다.

His skill set is far from we expected, but his goodwill really matters.

그가 가지고 있는 능력은 기대치에서 멀지만, 그의 호감 있는 태도는 고려해볼 만합니다.

I'm sorry that my goodwill was completely misunderstood.

유감스럽게도 호의가 잘못 이해된 것 같습니다.

Nuance Tip

누군가의 '호의를 얻다'라고 표현할 때 유사한 의미로 'Win his favor'라는 표현을 사용하기도 하지만 더 격식적으로 'Win his goodwill'이라고 자주 사용됩니다. 문어체, 구어체에서 모두 다 사용하는 표현이고, 참고로 'Goodwill'이 명사로 사용되면 영업권/권리금이라는 뜻입니다.

Did you touch base with David?

David 씨와 연락하셨나요?

Touch base: 누군가와 잠깐 이야기를 나누며 그 사람이 어떻게 지내는지, 어떤 것에 대해 어떻게 생각하는지 알아보다.

You might want to touch base with him.

그 사람한테 연락을 한번 취해 보시겠어요.

You folks need to touch base with him at least once a month.

당신들은 그 사람과 적어도 한 달에 한번은 연락을 취해야 한다.

Let's touch base tomorrow.

내일 연락하자.

I just wanted to touch base with you to confirm that you have received my package.

당신에게 보낸 패키지를 수령했는지 확인하기 위해 연락했습니다.

I need to touch base with David to clarify this matter.

이 문제에 대해서 명확히 하기 위해 David와 연락해야 합니다.

Nuance Tip

'Touch base'라는 표현은 야구에서 기원한 용어로 일상적인 생활에서는 자주 사용되지 않으나, 비즈니스 환경에서는 자주 사용하는 표현입니다. 'I want to speak/talk to/with you'라는 표현은 무언가 목적을 가지고 이야기하는 경우가 대부분입니다. 'I want to touch base with you'라는 표현은 '제가 간략히 안부도 전할 겸 몇 가지 확인을 위해 연락하기를 원합니다'라는 뉘앙스입니다. 고객에게 연락할 때 꼭 중요한 업무가 아닐지라도, 안부를 묻거나, 간단한 사항 몇 가지 만을 확인하기 위해 덜 격식적으로 사용하는 표현입니다.

The client's complaints are legitimate

그 고객의 불만은 수용할 수 있습니다

Legitimate: 합리적이고 수용 가능함.

K company is a legitimate contender.

K 회사는 인정할만한 우리의 경쟁자이다.

I believe our approach is quite legitimate.

제가 믿기로는 우리의 접근방법은 꽤나 합리적이다.

We can accept your proposal as a legitimate way to strike the deal.

당신의 제안을 거래를 종결하기 위한 합리적인 방법으로 받아들입니다.

Please make sure whether their claims are legitimate.

그들의 주장이 합리적인지 확인해보자.

Your questions are perfectly legitimate.

당신의 질문들은 완벽하게 합리적입니다.

Nuance Tip

'Legitimate'은 법률 용어로는 합법적이라는 의미입니다. 비즈니스 환경을 포함한 일상생활에서는 '합리적이고 받아들일 만하다'라는 뜻으로 사용합니다.

'Reasonable'은 합리적이라는 뜻이지만, 'Legitimate(합리적인)'이라는 의미에 추가하여, 충분히 받아들일 만하다는 뉘앙스가 포함되어 있습니다.

You should have a compelling reason to extend your stay

만일 여기서 더 머무르고 싶으면
정말 그럴싸한 이유가 있어야 합니다

📖 **사전적 의미**

Compelling: 매우 신나고 흥미진진해서 보고 싶거나 듣고 싶어지거나, 강력하고 설득력이 있음.

Team A won't be able to hire more staff unless they have a compelling reason.

A팀은 정말 특별한 이유가 있지 않으면 staff를 더 고용하지 않을 것입니다.

The client won't stay with us unless they have a compelling reason.

특별한 이유가 있지 않고서야 우리와 더 이상 같이 일할 것 같지는 않습니다.

I can't extend your global assignment unless you have a compelling reason.

특별한 이유가 있지 않고서야, 너의 global assignment를 연장시켜 줄 수 없습니다.

I have a compelling report for the project; you can't miss it.

이 프로젝트를 위한 흥미 있는 보고서가 있어, 당신은 꼭 보고싶어 할 것입니다.

Your business case is compelling, and we cannot help but accept your application.

당신의 business case는 정말 흥미진진해서, 당신의 지원서를 수락할 수밖에 없습니다.

Nuance Tip

매우 매력적이거나 재미있는, 또는 긴급하게 주의가 요청되는 사항들을 이야기할 때 사용하는 요긴한 단어입니다.

부하직원이 받아들이기 어려운 요청을 할 경우가 있을 때, 지혜롭게 이야기하는 방법 중 하나이기도 합니다.

예를 들어, 'You should have a compelling reason. (넌 정말 그럴듯한 이유가 있어야 한다)'이렇게 표현하면 사실은 받아들이기 힘들다는 표현입니다. 반대로, 상사에게 관심 있을 만한 주제를 소개할 때는 반대로 'I have a compelling idea, you should listen to me(저에게 정말 흥미로운 주제가 있어 당신이 꼭 들어주셔야 합니다)'로 표현할 수 있습니다.

Don't create problems

문제를 일으키지 말아라

사전적 의미

Create: 새로운 것을 만들거나, 무언가를 발명하다.

Please do not create problems.

문제를 만들지 말아라.

Could you create a new report on the website?

그 웹사이트에서 새 보고서 하나 만들어주시겠어요?

We should consider how we can create long-term value for the client.

우리는 고객을 위해서 어떻게 장기적으로 가치를 만들 수 있을지 생각해봐야 한다.

Who created the tension with the client?

누가 고객과의 긴장 관계를 만들었나요?

He has created a space to move this desk.

그는 책상을 옮기기 위한 공간을 확보했다.

Nuance Tip

'만들다'를 직역하면 'Make'입니다. 우리말로 '만들다'는 표현은 비즈니스 환경에서는 'Make(조립 등의 과정을 거쳐 만들다)', 'Create(새로운 것을 만들다)', 'Produce(복잡한 생산과정을 통하여 만들다)'의 세 가지 뉘앙스로 구분되어 사용해야 합니다.

특히 'Create'는 세상에 없는 무언가 거창한 것을 창조하여 발명하는 경우에만 사용되는 것이 아니라 비즈니스 일상에서 일어날 수 있는 새로운 상황에 자주 사용합니다. '만들다'를 직역하여 'Make'를 사용하면 어색한 표현이 되는 경우가 많습니다.

They are going nowhere on this issue

그들은 이 이슈에 대해서 전혀 진전이 없습니다

📖 사전적 의미

Go/get/head nowhere: 아무런 성공도 거두지 못하고 아무것도 이루지 못하다.

We spent a great deal of time, but we went nowhere.

우리는 정말 많은 시간을 사용했지만, 거의 진전된 사항이 없습니다.

Their work is going nowhere.

그들의 일은 거의 진전이 되지 않고 있습니다.

This meeting is going nowhere though we have spent 2 hours.

그 미팅은 2시간 동안 거의 진전이 없습니다.

It seems that the negotiation meeting is going nowhere.

그 협상 미팅은 전혀 진전이 없습니다.

Team A is going nowhere.

A팀은 진행한 사항이 하나도 없습니다.

Nuance Tip

직역하면 '어디에도 가지 않는다'는 뜻이지만, 우리말로 의역하면 '진도가 나가지 않는다'는 뉘앙스로 자주 사용되는 표현입니다. 'Fail(실패하다)'라는 이미 완료된 상태를 의미하는 경우를 표현하는 것으로 다른 뉘앙스를 가지고 있습니다.

I'm in the middle of a meeting

한참 회의 중입니다

📖 사전적 의미

In the middle of: 어떤 활동에 바쁨.

I'm in the middle of the conference.

저는 지금 컨퍼런스 중입니다.

I'm in the middle of a client call.

저는 지금 고객과 전화 중입니다.

He is in the middle of the review process.

그는 지금 검토 과정 중에 있습니다.

She is in the middle of checking out the procedures.

그녀는 그 절차를 확인 중에 있습니다.

I'm right in the middle of going over work papers.

저는 보고서를 검토하는 중에 있습니다.

Nuance Tip

'미팅 중입니다'라는 표현을 'I'm in a meeting'로 표현해도 되지만 굳이 'in the middle of'를 넣은 이유는 특별히 그 상황을 강조하는 표현입니다. 즉 지금 바쁘니 방해하지 말라는 뉘앙스가 포함되어 있습니다. 지금 하고 있는 사항을 꼭 강조해서 표현해야 할 상황이거나, 방해받고 싶지 않은 상황이면 이 표현을 사용해야 합니다.

He is in a tight spot
그는 지금 곤란한 상황에 처해 있습니다

📖 사전적 의미

Be in a tight corner/spot: 어려운 상황에 처함.

I think I put you in a tight spot.
당신을 곤란하게 만든 것 같습니다.

We will be in a tight spot if the fee is not approved.
그 fee가 승인되지 않으면, 우리는 곤란한 상황이 될 것입니다.

Don't put him in a tight spot.
그를 곤란한 상황에 처하게 하지 말아라.

Can you help me get out of a tight spot?

저를 곤란한 상황에서 꺼내주시겠어요?

My boss will be in a very tight spot unless he gets through this situation.

이 상황을 잘 통과하지 못하면 제 보스는 아마도 곤란한 지경에 처하게 될 것 같습니다.

Nuance Tip

'어려운 상황'을 직역하면 'Difficult situation'입니다. 다만 실제 비즈니스 현장에서는 'Challenging situation'이라는 표현을 많이 사용하고, 매우 어려운 상황에 있을 경우에는 'Tight spot'이라는 관용구가 훨씬 많이 사용됩니다.

어렵다는 단어를 좀 더 순화된 표현으로 하여 긍정적인 시각에서 표현할 때 'It's very challenging(이건 정말 도전적입니다).', 또는 'We are in a tight spot(상황이 좋지 않습니다).'라고 표현합니다.

참고로 'Diligent'(성실한)란 표현도 매우 공식적인 문어체 영어가 아니고는 잘 사용되지 않는 단어입니다. 누군가 성실히 정말로 일을 열심히 한다고 표현할 때도 'He is a diligent man'라는 표현 보다는, 'He is a real hard worker'로 표현합니다.

I managed to make it

어려운 일을 어떻게든 할 수 있었습니다

📖 사전적 의미

Manage to:

어려운 일을 해내고, 특히 매우 열심히 노력한 후에 성공하다.

문제를 해결하고, 어려운 상황에서 살아가다가 성공하다.

It was quite challenging, but I fortunately managed to make it.

그것은 꽤 도전적인 과제였습니다만, 저는 운 좋게 해냈습니다.

My team managed to meet the deadline while working overtime.

우리 부서는 시간 외 근무를 하면서 그럭저럭 마감일을 맞추었습니다.

I managed to read the lengthy report for 1 hour.

나는 1시간 동안 긴 보고서를 읽어냈습니다.

I think I will manage to report out the letter tomorrow.

제 생각엔 그 Letter를 내일까지 발행할 수 있을 것 같습니다.

I managed to escape from his complaints

그의 불평으로부터 어떻게든 벗어날 수 있었습니다

Nuance Tip

'Can/Could'로 '일반적인 능력으로 할 수 있다'는 뉘앙스를 가지고 있습니다. 'Managed to'는 '어렵고 구체적인 일을 많은 노력을 들여 잘 해내다'라는 뉘앙스를 가지고 있어 과거 형태로 자주 사용합니다. 참고로 문어체에서는 격식을 갖춘 표현으로 'I succeeded in finishing ~'로 표현할 수 있습니다.

예를 들어, '영어로 말할 수 있습니다'는 'I can speak English'라고 하지, 'I manage to speak English'라고 하지 않습니다. 'I managed to meet the due date'라고 하면, '어렵지만 많은 노력을 들여 마감일을 준수했습니다'라는 표현입니다.

Please get back to me once you come back

돌아오면 저에게 연락주세요

📖 **사전적 의미**

Get back to sb: 이전에 이야기를 나눌 수 없었던 경우, 누군가에게 정보를 제공하기 위해 다시 이야기하다.

Reach out to sb: 일반적으로 사람을 돕거나 참여시키기 위해 개인이나 집단과 소통을 시도하다.

I'll check his schedule and get back to you.

제가 그분 일정을 확인하고 연락 드리겠습니다.

Once you check the facts and circumstances, please get back to me ASAP.

일단 사실관계를 확인한 다음에, 저에게 곧바로 알려 주길 바랍니다.

He was supposed to get back to me after meeting with a client.

고객 한 분과 만난 이후에 그는 저에게 연락을 주기로 되어 있습니다.

If you need any help, please reach out to me.

만약 당신이 도움이 필요하면, 저에게 연락주세요.

You can reach out to him if you discover anything unexpected.

만일 예상치 못한 사항을 발견하면 그분에게 연락하세요.

Nuance Tip

'Get back to sb'는 '알아보고 연락을 주다' 또는 상대방과 전화 연락이 안되었을 경우 '다시 연락을 주다'라는 의미입니다. 'Reach out to sb'는 도움이 필요할 경우 연락한다는 뉘앙스가 포함되어 있습니다.
'Report me(보고하다)'라는 표현은 군대와 같은 조직이거나, 매우 공식적인 보고가 아닌 경우에는 잘 사용하지 않는 표현입니다.

I can sense they could switch the auditor next year

제 느낌에는 그들이 내년에 감사인을 변경할 수도 있을 것 같습니다

Sense: 어떻게 느꼈는지 정확히 설명할 수 없이 무언가를 느끼거나 경험하다.

I sensed he would leave soon.

그가 곧 떠날 것 같다는 느낌을 받았습니다.

I sensed he might want to increase the fee.

저는 그가 fee를 인상할 것이라는 느낌을 받았습니다.

Could you sense that who would be the next CEO?

혹시 다음 CEO는 누가 될 것 같습니까?

Do you have any sense when they come?

그들이 언제 올 것 같나요?

I don't think he has the sense of urgency.

그는 급한 게 없습니다.

Nuance Tip

'I sense'표현은, 'I think~(제 생각에는~)'라는 표현과 뉘앙스가 다릅니다. 'Think'는 단순히 생각을 의미하는 것이고, 'Sense'는 '실제 상황과 경험을 고려한 이후에 예상되는 느낌'입니다.

예를 들어 누군가 'Sensible'하다고 표현하면, 그 사람은 '도움이 되는 idea를 가지고 상황판단을 잘하는'이라는 의미이고, 'Thoughtful'이라고 표현하면 '깊게 생각한다'는 의미로 다른 뉘앙스를 가지고 있습니다. 즉 Thoughtful 하지만 Sensible 하지 않을 수가 있습니다.

He pitched his products to the client

그는 고객에게 제품을 열정적으로 홍보했습니다

📖 사전적 의미

Pitch: 누군가를 설득하여 무엇인가를 사거나 하도록 하는 말이나 행동을 하다. 혹은 누군가가 당신의 제품이나 서비스를 사거나, 당신이 그들을 위해 어떤 일을 하도록 선택하도록 설득하는 활동을 하다.

We should pitch our ideas in an effective way.

우리의 아이디어를 효과적인 방법으로 홍보해야 합니다.

Who is going to make a pitch for the project presentation?

누가 그 프로젝트를 프레젠테이션합니까?

The client has given us only 30mins to pitch for the new project.

고객은 새로운 프로젝트 홍보 시간을 30분밖에 허락하지 않았습니다.

David is good at pitching for anything.

David 은 무엇이든지 홍보하는데 뛰어납니다.

He appreciated our pitch and agreed to engage with us.

그는 우리의 홍보를 감사했고, 계약하는 데 동의했습니다.

Nuance Tip

단순히 '홍보'라고 해석하기에는 부족한 면이 있습니다. 굳이 해석하자면 '열정적인 홍보/열정적인 프레젠테이션'으로 표현하는 게 적합합니다. 'Present'라는 표현은 '정보를 잘 전달하다'는 뉘앙스가 있기 때문에, 세미나, 교육, 연수 때 자주 사용하는 표현입니다. 반면에 'Pitch'라는 표현은 고객에게 제품이나 서비스를 판매하기 위한 제안서 등을 발표할 때 사용하는 뉘앙스를 가지고 있습니다.

2장

회의 시 매번 사용하는
20가지 비즈니스 영어

I want to believe we are now on the same page

우리가 모두 같은 입장이라는 사실을 믿고 싶습니다

Be on the same page: 다른 사람과 같은 생각을 가짐.

I think we are on the same page.

제 생각은 우리가 같은 입장에 놓여 있다는 것입니다.

I just wanted to make sure we are all on the same page.

단지 우리가 이제 다 같은 입장에 있다는 것을 확인하고 싶었습니다.

Are you on the same page with risk and quality team's position?

당신은 품질관리팀과 같은 의견이신가요?

Thanks for giving us time to explain. I hope we are now on the same page.

저희들에게 설명할 시간을 주셔서 감사드립니다. 이제는 우리가 같은 입장에 있기를 바랍니다.

Please let me know if you think we are not on the same page.

당신 생각에 일치하지 않는 의견이 있다면 저에게 알려 주길 바랍니다.

Nuance Tip

회의 서두에 또는 마칠 때 특히 자주 사용하는 표현입니다. 직역하면 'We all have the same understandings'로 표현할 수 있습니다. 여러 이해관계자와 상대해야 하고, 각각의 이해관계자와 의사소통 문제를 최소화해야 할 때 서로의 의견에 대해서 재확인할 때 자주 사용하는 표현입니다.

Let us revisit the issue tomorrow

그 이슈에 대해서는 내일 다시 논의하도록 합시다

Revisit: 개선하거나 바꾸려는 의도로 무언가에 대해 다시 이야기하거나 생각하다.

We should revisit the issue tomorrow.

그 이슈에 대해서는 내일 토의하도록 합시다.

Can we revisit his argument tomorrow?

그 논점에 대해서는 내일 논의할 수 있나요?

Aren't we supposed to revisit this matter before getting David involved?

David를 참여시키기 전에 우리는 그 문제에 대해서 다시 논의하기로 하지 않았나요?

You should revisit this proposal deck once the timeline is agreed with the client.

향후 일정에 대해 협의하면 이 제안 PPT에 대해 다시 한번 논의해야 합니다.

You should revisit his feedback to make sure his real intention.

그 사람의 실제 의도를 재확인하기 위해 그의 feedback에 대해서 다시 한번 검토해야 합니다.

Nuance Tip

일차적인 용어로는 '방문하다'라는 뜻이나, 비즈니스 환경에서는 '아직 결정된 사항을 다시 논의하다'라는 뜻으로 사용되는 표현입니다. 유사한 의미의 'Reconsider(재차 고려하다)'는 이미 결정된 사항을 다시 한번 고려한다는 뉘앙스이므로, 아직 결정되지 않은 사항을 다시 논의한다는 뜻의 'Revisit'과는 다른 뉘앙스입니다.

Don't worry! We are in good shape at this moment

걱정하지 마세요! 우리는 준비가 잘 되어 있는 상황입니다

📖 **사전적 의미**

In good shape: 무언가를 할 준비가 됨.

Once we get the report in time, we will be in good shape.

우리가 그 보고서만 늦지 않게 받으면, 준비 상황은 아주 좋습니다.

Everything is really going well, so we are in good shape.

모든 사항이 잘 진행되고 있어, 준비가 잘 되어 있는 상황입니다.

The project is going well under the budget, so we are in good shape.

그 계획은 예산 내로 잘 진행되고 있어, 우리의 상황은 아주 좋습니다.

He is in good shape financially.

재무적으로 그는 아주 좋은 상황입니다.

We are really in good shape in competing with other teams.

다른 팀과 경쟁할 수 있을 정도로 아주 준비가 잘 되어 있는 상황입니다.

Nuance Tip

일차적인 의미는 '몸의 컨디션이 좋다'라는 뜻입니다. 비즈니스 환경에서 사용하는 표현은 '뭔가를 즉시 할 수 있을 정도로 모든 것이 갖추어져 있다'는 뜻으로 자주 사용되는 표현입니다.

I will walk you through when you stop by my office

사무실에 잠시 방문하면 차근차근 설명드리도록 하겠습니다

Walk through: 누군가에게 무언가를 처음부터 끝까지 하는 방법을 보여주다.

We should find a way to walk the client through virtually.

우리는 고객에게 영상으로 설명해 줄 수 있는 방법을 찾아야 합니다.

Let me walk you through when you have a moment.

잠깐 시간 있을 때, 제가 설명해 드리도록 하겠습니다.

Don't sign off on anything until my team has done a thorough walk through.

우리 팀이 상세히 검토하기 전에는 최종 서명을 하지 않기를 바랍니다.

When David is here, you should walk him through the procedures.

David 이 여기 있을 때 그에게 절차에 대해서 설명해주어야 합니다.

Can you walk me through the 10-page deck?

그 10page PPT에 대해서 차근차근 설명해 줄 수 있나요?

Nuance Tip

'처음부터 끝까지 전체적으로 차근차근 설명을 하다'는 표현입니다. 준비된 자료를 고객이나, 직장동료들에게 체계적으로 설명할 때 가장 많이 사용되는 표현입니다. 단순히 '설명하다'라는 'Explain'이라는 용어는 '정보를 전달하여 어떤 사항을 이해할 수 있게 해 준다'는 표현으로 'Walk through'하고는 다른 뉘앙스입니다. 사건이나 사고를 누군가에게 설명할 때 사용하는 표현이 'Explain'이며, 정보 전달이 주된 목적인 반면에, 'Walk through'는 상대방을 이해시키고 납득시키는 것이 주목적입니다.

You should go through all the due procedures

필요한 절차를 모두 통과해야 합니다

📖 **사전적 의미**

Go through: 어렵거나 불쾌한 상황을 겪다.

법률, 계획 또는 거래가 통과되면서 공식적으로 수용되거나 승인되다.

We need to go through the procurement process in order to win this project.

우리는 그 프로젝트를 수임하기 위해서 구매과정을 통과해야 합니다.

I don't want to go through the formal procedures.

나는 공식적인 절차를 통과하고 싶지 않습니다.

Do you know how we can go through the review process?

어떻게 검토 과정을 통과할 수 있는지 아시나요?

Our proposal didn't go through.

우리의 제안서는 받아들여지지 않았습니다.

I don't think our proposal will be able to go through.

제 생각에는 그 제안서는 받아들여지지 않을 것 같습니다.

Nuance Tip

'Go through(통과하다)'는 상황에 따라 다양한 뜻이 있습니다. 비즈니스 환경에서는 일반적으로 위의 예시와 같이 두 가지 뜻으로 자주 사용됩니다. 첫번째는 '어려운 과정을 통과하다'이고, 두 번째는 '공식적으로 승인되거나 받아들여지다 '는 뜻으로 사용됩니다.

What are the takeaways from the conference?

그 컨퍼런스의 핵심 메시지가 무엇입니까?

📖 사전적 의미

Takeaway: 듣거나 읽은 것에서 배울 수 있는 주요 메시지나 정보.

Here is the takeaway from this conference.

이것이 어제 컨퍼런스의 핵심 메시지입니다.

You should give us takeaways at the end of the conference.

당신은 우리에게 컨퍼런스 마칠 때 즈음에 핵심 메시지를 전달해주어야 합니다.

The takeaway is that we should focus what we can control at this moment.

핵심 메시지는 지금 이 순간 통제할 수 있는 사항들에 대해서는 집중해야 한다는 것입니다.

The takeaway is that we should hire more experienced associates.

핵심 메시지는 경험 있는 사원을 더 고용해야 한다는 것입니다.

One of the takeaways is that we must revisit the customer service issue.

핵심 메시지 중 하나는 반드시 고객서비스 이슈를 재확인해야 한다는 것입니다.

Nuance Tip

일차적 의미는 '빼내다'입니다. 회의나 세미나를 참석하면 무언가는 얻고 가는 것이 있어야 한다는 뉘앙스로 사용됩니다.

회의/세미나 등이 끝났을 때 회의/세미나 시간 중에 배운 사항 중에 꼭 이해하고, 확인하고 가야 할 사항을 언급할 때 쓰는 표현입니다. 프레젠테이션 자료의 마지막 장표나, 회의 마지막에 항상 듣게 되고 자주 사용하는 표현입니다.

Could you elaborate on this matter?

조금 더 자세히 설명해주시겠어요?

📖 사전적 의미

Elaborate: 자신이 말한 내용에 더 많은 정보를 추가하거나 설명하다.

He refused to elaborate on the facts and circumstances.

그는 상황과 환경에 대해서 자세히 설명해주는 것을 거부했습니다.

Could you elaborate on this issue?

이 이슈에 대해서 자세히 설명해주시겠어요?

He may be able to elaborate on the strategy.

그는 그 전략에 대해서 아마도 자세히 설명해 줄 수 있을 것 같습니다.

More elaborate proposal has been sent out to David.

훨씬 더 상세한 제안서가 David에게 보내졌습니다.

You should be able to elaborate on this matter if the client asks.

만일 고객이 문의하면, 당신은 이 문제에 대해서 상세하게 설명할 수 있어야 합니다.

Nuance Tip

'조금 더 정교하게 설명하다'라는 의미입니다. 'Explain(설명하다)'은 '단순히 정보를 전달하여 의미를 알리다'는 뉘앙스입니다.

Is there anyone who would like to add a little color?

혹시 추가로 보충 설명해주실 분 있으신가요?

I want to clarify this matter by adding a little color.

내가 몇 가지 추가해서 이 사항에 대해서 더 명확하게 하고 싶습니다.

David's comments were right and accurate, but I just wanted to add a little color.

David의 언급은 맞고, 정확합니다만 저는 몇 가지 추가하길 원합니다.

Has anyone who wants to add a little color on this slide deck?

이 PPT에 몇 가지 추가할 사항이 있는 분이 있는지요?

David is a specialist in this field; he should be able to add a little color.

David는 이 분야에 전문가입니다. 몇 가지 사항을 추가하실 수 있습니다.

When we work as a team, you should present a deck, and I will add a little color.

우리가 한 팀으로 일할 때 당신이 PPT를 준비해주면, 저는 몇 가지 사항을 추가하여 드리도록 하겠습니다.

Nuance Tip

직역을 하면 '색을 입히다'라는 뜻입니다. 팀으로 프레젠테이션을 할 때 많이 사용되는 표현입니다. 주 프리젠터가 설명을 하고, 누군가 추가로 설명할 때 사용되는 표현입니다. 단순히 정보를 추가하는 의미는 아니며 '조금 더 세련되게, 완성되게 보충 설명을 해 달라'는 뉘앙스입니다.

Can you revise the budget doc?

예산 문서 좀 수정보완해주시겠어요?

📖 사전적 의미

Revise: 책이나 문서 등을 개선하거나, 실수를 바로잡거나, 최신 정보를 포함하도록 변경하다.

This version has been completely revised.

이번 version은 완전히 수정보완 되었습니다.

Could you send the revised version?

수정 보완된 version을 보내 주시겠어요?

We should revise the proposal before submitting it.

제출하기 전에 그 제안서를 수정 보완해야 합니다.

Could you read through the revised draft again?

변경된 제안서를 검토해주시겠습니까?

His comments had David revise the draft twice.

그의 comments는 David가 draft를 두 번이나 변경하게 하였습니다.

Nuance Tip

단순히 '틀린 것을 수정하다'는 뉘앙스가 아닌 '더 나은 방향으로 수정하다'는 뉘앙스를 가지고 있는 표현이 'Amend' 또는 'Revise'입니다. 일반적으로 법률 등의 정부기관 등과 관련된 공식 문서는 'Amend' 되었다고 하고, 그 이외의 일반 문서 등은 'Revise' 되었다고 표현합니다.
프로그램/문서 등이 단순히 변경되었거나 틀린 것을 수정할 할 때는 'Change' 또는 'Modify'로 표현합니다.

I am editing the proposal

제안서를 편집 중입니다

📖 **사전적 의미**

Edit: 텍스트나 영화 등을 변경하여 실수를 바로잡거나 일부분을 삭제하는 일로, 특히 인쇄나 상영을 준비하기 위해 변경하다.

Please have David edit this doc.

이 문서를 David가 편집하도록 시켜라.

Please edit the doc. wherever you want.

편집하고 싶은 어느 부분이든 편집해라.

Can you edit the revised version?

그 수정 보완된 문서 편집 좀 해주세요?

I may be able to edit by next week.

다음 주까지는 아마도 편집할 수 있을 것 같습니다.

The final version was edited by David.

마지막 버전은 David에 의해서 편집되었습니다.

Nuance Tip

'Edit'은 내용을 변경하는 것은 아닙니다. 최종 보고서나 영상 등을 만드는 마지막 단계에서 실수를 수정하거나, 일부 필요 없는 부분을 없애거나, 배치를 변경하는 것입니다.

의미 있는 내용을 추가/변경하여 더 나은 것을 만드는 'Amend' 또는 'Revise'하고는 다른 뉘앙스를 가지고 있습니다.

Let's recap all the findings we have discovered

오늘 배웠던 사항들에 대해서 요약해보도록 하겠습니다

📖 **사전적 의미**

Recap: 설명이나 묘사의 주요 내용을 반복하다.

Finding: 문제, 상황 또는 사물에 대한 공식적인 조사 중에 발견된 정보.

Let us recap the findings.

발견된 사항에 대해서 요약을 해보도록 하겠습니다.

Can you sum up findings before your team leaves?

당신 팀이 떠나기 전에 발견된 사항에 대해서 요약해주세요?

Implications of the findings will be revisited.

발견된 사항의 의미에 대해서 다시 논의할 예정입니다.

We have spent 4 hours summarizing our findings.

발견사항을 요약하는 데 4시간이 걸렸습니다.

It's time to recap our findings before moving on to the next step.

다음 주제로 가기 전에 우리가 발견된 사항을 요약해야 할 것 같습니다.

Nuance Tip

회의할 때마다, 또는 보고서 등에 대한 중간 점검마다 매우 자주 사용하는 단어가 'Recap(요약하다)'라는 단어와 'Finding(발견사항)'이라는 단어입니다. 뭔가 조사하거나, 작업한 사항들에 대한 발견사항을 'Findings'로 하여 복수로 사용되는 경우가 많습니다. 한국어로 직역되는 'Item(사항)'과는 전혀 다른 뉘앙스로 사용해서는 안 되는 표현입니다.

참고

'Discover' vs 'Find'

'Find'는 '우연히 발견하다'라는 뉘앙스를 가지고 있습니다. 'Discover'는 '새로운 것을 발견하다'는 뜻과 '깨닫거나 배우다'라는 뜻으로도 많이 사용됩니다. 예를 들어, 'I discovered that I left my bag in the car(나는 내 가방을 차에 놓고 내린 것을 알게 되었다)', 'I discovered that he had left the firm already(나는 그 사람이 이미 회사를 떠난 것을 알게 되었다)'

It's time to move on to/dive into the next topic

다음 주제로 집중해서 넘어가야 할 시간입니다

📖 **사전적 의미**

Dive into: 종종 생각조차 하지 않고 갑자기 그리고 열정적으로 무언가를 하기 시작하다.

Let's move on to/dive into the next step.

다음 주제로 넘어가도록 합시다.

Whenever I start a new project, I love to deep dive into it right away.

새로운 주제를 시작할 때마다, 전 바로 시작하기를 원합니다.

I'll dive into the project and solve it immediately.

내가 그 프로젝트에 뛰어들어, 바로 해결하도록 하겠습니다.

I don't want to waste time, so let's dive into the next topic.

시간 낭비하고 싶지는 않으니 바로 다음 주제로 넘어가시죠.

Who's is going to dive into it first?

누가 가장 먼저 이 일에 뛰어들 것이냐?

Nuance Tip

일반적으로 '다음 주제로 넘어갑시다'라는 흔한 표현은 'Move on to~'로 사용합니다. 예를 들어 'Let's move on to the next topic(다음 주제로 넘어가도록 합시다)'와 같이 사용합니다.

'Dive into'는 직역하면 '어디에 뛰어들다'지만, 비즈니스 환경에서 우리 말로 표현하면 '열정적으로 일을 하다'는 뜻입니다. 주요주제를 시작할 때 자주 사용하는 표현입니다. 'Let's get started'/'Let's move on to'와 'Let's dive into'는 듣는 사람이나 말하는 사람에게 느껴지는 뉘앙스는 매우 다릅니다.

Where are you going with this?

지금 무슨 이야기를 하시는 것인지요?

Where are you going with this? We should focus on more important topics.

지금 무슨 이야기를 하시는 것인지요? 중요한 주제에만 집중합시다.

What are you getting at? We should discuss what we are supposed to deal with.

지금 무슨 이야기를 하시는 건가요? 일단 저희가 논의하기로 한 사항에 대해서만 논의합시다.

Well spoken, by the way, what's your point?

말씀 잘 하셨습니다. 그런데 혹시 요점이 무엇인가요?

Sorry to interrupt, but where are you going with this?

제가 말씀 중에 방해해서 죄송합니다만, 무슨 말씀이신지요?

It's the well written memo, but what are you getting at?

정말 잘 작성된 메모인 것 같습니다만, 요점이 무엇인가요?

🔍 참고

'Well spoken(말씀 잘 하셨습니다)', 'Well written(잘 작성하셨습니다)'이라는 표현도 자주 사용되는 표현입니다. 다만, 경미한 사항을 지적하기 전에 'Well spoken, but~'란 형태로 사용하는 경우도 있습니다.

Let's double down on the plan

그 계획을 강력히 밀어붙입시다

📖 **사전적 의미**

Double down on sth: 이전보다 더욱 단호하게 무언가를 계속하다.

It's time to double down on our commitment.

우리가 약속한 사항에 대해서 더 집중하여 밀어붙이도록 합시다.

During this unprecedent time we should double down on our value.

전례 없는 이때에 우리의 가치에 더 전념해야 합니다.

If you double down on this policy, you will get credit.

네가 만일 이 정책에 더 전념한다면, 너는 칭찬을 받게 될 것입니다.

LA mayor is doubling down on his foreign policy.

LA 시장은 외국과 관련된 정책에 더 전념하고 있습니다.

He needs to double down on the call for restructuring.

그는 restructuring 요구에 더 전념할 필요가 있습니다.

Nuance Tip

일차적 의미는 블랙잭 카드 게임에서 카드 한 장 더 받고 두 배로 베팅할 때 사용하는 표현입니다. 비즈니스 환경에서는 '단호하게 밀어붙이다'라는 표현으로 경영진들이 직원들에게 본인들의 약속을 강조하고, 향후 비전을 공유할 때 많이 사용되고, 팀 미팅 때도 중요한 이슈들에 대해서 강조하여 이야기할 때 많이 사용됩니다. 긍정적인 표현으로도 사용하지만, 때론 부정적인 표현으로도 사용됩니다.

The previous meeting ran over

이전 미팅이 늦게 끝났습니다

📖 **사전적 의미**

Run over (sth): 예상 종료 시간 이후에도 계속 진행하다.

I'm sorry that the client call ran over a couple of minutes.

죄송합니다만 고객과의 전화가 몇 분 더 늦게 끝났습니다.

He was running late for the lunch appointment since the meeting ran over a few minutes.

그 미팅이 조금 늦게 끝나서 점심 약속에 늦었습니다.

Sorry I'm late. The previous meeting ran over.

늦어서 죄송합니다. 미팅이 늦게 끝났습니다.

His meeting always runs over.

그분의 미팅은 항상 늦게 끝납니다.

Please do not make the meeting run over since David has back-to-back meetings.

앞으로도 계속 후속 미팅들이 있기 때문에 이 미팅이 늦게 끝나지 않게 해주세요.

Feel free to chime in if you want to add anything

추가할 사항이 있으면 언제든지 끼어들어 보완해주길 바랍니다

📖 **사전적 의미**

Chime in: 대화 중에 말을 끊거나 말을 꺼내다.

Let me get started with the first topic, and please feel free to chime in.

제가 첫 번째 주제와 함께 시작할 것입니다. 보완해야 할 사항이 있으면 언제든지 끼어들어 보완해주길 바랍니다.

Dave, do you want to chime in for this topic since you're the expert on this matter?

Dave, 당신이 이 부분에 대해서 전문가이기 때문에 이 주제에 언제든지 끼어들어 보완하시겠어요?

Please chime in with your own views.

당신의 관점을 가지고 끼어들어 보완해주길 바랍니다.

Can you please chime in if you have any intel?

혹시 아시는 정보가 있다면 보완해주시겠어요?

You can only chime in during the Q&A session.

Q&A 시간만 당신은 끼어들어 보완할 수 있습니다.

Nuance Tip

'Chime in'의 원래 의미는 'Join harmoniously in music'인 것처럼 대부분의 경우 긍정적으로 고객과의 대화나 프레젠테이션 중에 끼어드는 경우를 표현합니다. 누구의 주장을 조금 더 보완하여 주거나 더욱더 완성도를 높이기 위해 끼어들다라는 표현입니다. 고객과의 회의 시, 또는 사내 회의 시 모두 자주 사용됩니다. 'Interfere/Interrupt(끼어들다)'의 의미와는 전혀 다른 뉘앙스를 가지고 있습니다.

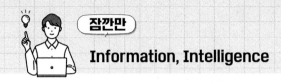

Information, Intelligence

'혹시 아시는 내용이 있으면 알려 주길 바랍니다'는 표현을 많이 합니다. 그렇다면 여기서 '내용'은 어떻게 표현해야 할까요?

영어에는 일반적으로 'Information'과 'Intelligence'짧게 이야기 해서 'Info'와 'Intel'로 나누어서 표현하며, 다른 뉘앙스를 가지고 있습니다. Intel을 사용해야 하는 상황에서 Info를 사용하는 실수를 하지 않기를 바랍니다.

표현	정의	예시
Information (Info)	(사실 정보) Facts or details about a person, company, product, etc.	Give me some information as to the next business trip. (다음 출장에 대한 정보를 주세요.) I have attached the doc for your information. (참고를 위해 문서 하나 첨부하였습니다.)
Intelligence (Intel)	(얻기 어려운 정보) Secret information that a company, country, etc. manages to get about another company, country, etc.	If you have any intel regarding price, please let us know. (혹시 가격에 대해서 정보가 있으면, 저에게 알려 주세요.) We should gather intel on our competitors'next plans. (우리는 우리의 경쟁자들의 계획에 대해서 정보를 취합해야 합니다.)

Memo

Can you go over the report?

그 보고서 상세히 검토해주시겠어요?

Go over: 무언가를 주의 깊게 또는 자세하게 조사하거나 살펴보다.

David is still going over the financials.

David는 아직도 그 재무제표를 검토하고 있습니다.

Please have David go over the report.

David가 그 보고서를 검토하게 하세요.

He has gone over the issue, and he is almost getting there.

그는 그 이슈를 검토하였고, 거의 해결 단계에 있습니다.

You should go over the report before filing.

Filing하기 이전에 너는 그 보고서를 검토해야 합니다.

Can you go over the memo by this week?

그 메모를 이번 주까지 검토하실 수 있나요?

Nuance Tip

'주의 깊게 검토하다'라는 뜻으로 사용합니다. 처음부터 끝까지 '개략적으로 살펴보다'의 표현인 'Read over/through'와는 다른 뉘앙스로 표현됩니다.

Did you have a chance to read over the report?

그 보고서를 개략적으로 검토할 기회가 있으셨는지요?

📖 **사전적 의미**

Read over/through: 특히 실수를 찾을 때, 처음부터 끝까지 빠르게 무언가를 읽다.

I read your report through yesterday.

나는 어제 당신 보고서를 개략적으로 검토하였습니다.

David read over our proposal, and he gave us prompt comments.

David는 제 제안서를 개략적으로 검토하였고, 즉시 comments를 주었습니다.

Could you read over the draft? Let me know if you find any mistakes.

그 Draft 검토 좀 해주세요? 그리고 혹 실수한 사항을 찾으시면 알려 주길 바랍니다.

Let's set up a meeting once we read through the deck.

그 PPT를 일단 개략적으로 검토한 이후에 미팅을 하기로 합시다.

He had to read the letter over on the screen yesterday.

그는 어제 그 letter를 스크린으로 검토해야 했습니다.

Nuance Tip

'처음부터 끝까지 혹 틀린 사항이 있는지 확인해 보다'는 의미입니다. 서둘러서 검토한다는 의미는 아니며 마지막으로 개략적으로 검토하는 단계에 사용하는 표현입니다. '신속하게 넘기면서 보다'라는 의미의 'Flip through'하고 다른 뉘앙스이고, 상세히 검토한다는 의미를 가진 'Go over(=review)'하고도 다른 뉘앙스를 가진 표현입니다.

Did you flip through the deck?

그 PPT를 빠르게 넘기면서 살펴보셨나요?

Flip through: 잡지나 책 등의 페이지를 빠르게 훑어보다.

He flipped through the deck but couldn't find anything wrong.

그는 그 PPT를 대략 넘겨보았고, 잘못된 것을 찾지 못했습니다.

I want you to flip it through quickly.

당신이 빨리 넘겨서 검토해주기를 바랍니다.

Please just flip it through since it was already all set.

거의 완료되었기 때문에 대략 넘기면서 봐주길 바랍니다.

It went through the official review procedure, but please flip through the report.

공식적인 검토 절차를 거쳤습니다만, 대략 넘기면서 봐주시기 바랍니다.

Send this report over to David since he wanted to flip through before reporting it out.

보고서를 발행하기 이전에 David는 그것을 대략 검토하길 원하니 그에게 보내주세요.

Nuance Tip

보고서의 모든 검토 절차가 완료되었을 때, 마지막으로 혹시 중대한 오류가 있는지 확인하기 위해 전체 보고서를 빠르게 살펴볼 때 사용하는 표현입니다. 또는, 책에서 찾고자 하는 내용을 빠르게 찾기 위해 목차와 관련 페이지를 넘겨볼 경우에도 사용하는 표현입니다. '상세히 검토하다'라는 표현인 'Go over', 와 '처음부터 끝까지 개략적으로 검토하다'라는 의미의 'Read over/through'와는 다른 뉘앙스를 가진 표현입니다.

Go over, Read over/through, Flip through

비즈니스를 하다 보면 전자문서든, 종이문서든, 또는 중요한 이 메일 등을 검토할 경우가 많습니다. 여러 검토 과정을 거치게 되는데, 검토의 정도와 과정에 따라 사용하는 표현들이 다릅니다. 각 표현의 뉘앙스를 아는 게 중요합니다.

표현	뜻, 대표 예시
Go over	(뜻) 매우 상세하게 살펴보다. (예시) Please go over this letter since it's the first draft. (첫번째 draft이니 검토 부탁드립니다.)
Read over/through	(뜻) 실수를 찾기 위해 처음부터 끝까지 신속하게 읽다. (예시) It looks quite an organized report so I will read over tomorrow. (그것은 꽤 잘 정리된 보고서이니 내일 제가 신속히 읽어 보도록 하겠습니다.)
Flip through	(뜻) 페이지를 찾는 수준으로 신속하게 살펴보다. (예시) We are about to report out this letter, so could you flip through it? (우리는 막 Letter를 보내려고 하니, 마지막으로 한번 신속하게 살펴보시겠습니까?)

Memo

Have you reflected David's comments?

David의 의견을 반영하였나요?

📖 사전적 의미

Reflect: 무언가를 보여주거나 표현하거나 그것의 신호가 되다.
가능성과 의견에 대해 신중하게 생각하다.

Your tone of voice will reflect the importance of your ideas.

목소리 톤은 당신의 아이디어의 중요성을 반영할 것입니다.

We reflected your comments and revised the report accordingly.

당신의 comments를 반영하여 보고서를 수정하였습니다.

This report reflects his management style.

그 보고서는 그의 경영 스타일을 반영하고 있습니다.

They insist that the meeting would not reflect employees'thoughts.

그들은 그 모임이 종업원들의 생각을 반영하지 않고 있다고 주장합니다.

I believe my company reflects the cultural diversity.

내 회사는 문화의 다양성을 반영하고 있다고 믿습니다.

Nuance Tip

'Reflect'는 두 가지 의미로 사용됩니다. '깊이 생각하다'라는 뜻과 '보여 주다'라는 뜻으로 사용됩니다. 비즈니스 환경에서는 고객이나 직장 상사의 요구 사항을 '깊이 생각해서 보여주다'라는 뉘앙스로 사용됩니다. 우리말로 '반영하다'는 뜻과 가장 잘 어울리는 표현입니다.

3장

특히, 전화 시 매번 사용하는 107가지 비즈니스 영어

전화로 의사소통할 때, 대화가 일단 시작되면 전화로 하는 영어나, 만나서 하는 대화는 거의 유사합니다. 다만 시작할 때, 마무리할 때, 그리고 전화 대화 시에만 발생하는 표현들이 있습니다. 아래 실제 전화 대화를 통해 꼭 알아야 할 표현을 확인해 보도록 하겠습니다.

[David made a call to Daniel]	
David: I'm sorry I missed your call. **Is this good time?**	David: 죄송합니다. 제가 전화를 받지 못했습니다. **지금 전화하기 괜찮으신가요?**
Daniel: That's Okay. **I'm sorry I caught you at a bad time early in the morning.** I should have checked in your calendar.	Daniel: 괜찮습니다. **제가 오히려 이른 아침에 좋지 않은 타이밍에 전화했던 것 같습니다.** 제가 당신 캘린더를 확인을 했어야 했습니다.
David: No problem, I will merge the call with Chris to discuss the matter.	David: 괜찮습니다. 제가 Chris 와 같이 논의할 수 있도록 전화 연결하겠습니다.

[Chris was merged with the call]	
David: We now have Chris, Daniel, and me.	David: Chris, Daniel, 제가 있습니다.
Chris: Hello, **thanks for having me**.	Chris: 안녕하세요. **초대해주셔서 감사합니다.**
Daniel: David, **you're breaking up. Can I ask who I am speaking to**?	Daniel: David, **당신 목소리가 깨져서 들려요.** 혹시 지금 제가 누구와 이야기하고 있죠?
Chris: Hi Daniel. This is Chris.	Chris: Daniel, 저 Chris입니다.
Daniel: Hello Chris, **thanks for joining me**. I'm sorry **you folks' voices were cutting out for a moment**. That's probably my bad since I'm driving now.	Daniel: 안녕하세요. **전화에 참여해주셔서 감사합니다.** 죄송합니다만 **당신들 목소리가 잠시 들리지 않았습니다.** 아마도 제가 지금 운전해서 제 쪽의 문제인 것 같습니다.
Chris: You can be **on mute**	Chris: 당신이 이야기할 때가 아

unless you should speak due to the noise outside.

니시면 외부 소음 때문에 **음소거를 켜시면** 될 것 같습니다.

David: So, how can I help you? **What's this regarding**?

David: 자 그럼 제가 어떻게 도와 드릴까요? **이 전화가 무엇을 위한 것인가요?**

[Conversation]

Chris: David, are you **on a speaker phone**? Could you check your mic since I can't hear you clearly?

Chris: David, **혹시 스피커 폰인가요?** 마이크 확인 부탁드립니다, 제가 깨끗하게 들을 수가 없거든요.

David: By thc way, Chris, are you in the office? If so, could you have Jess on this call?

David: 그런데, Chris, 혹시 지금 사무실이시면, Jess를 이 통화에 합류시켜 주실 수 있으세요?

Chris: Unfortunately, **she's away from her desk**. I think she just **stepped out**. I will let her know once she comes back.

Chris: 불행하게도, **그녀는 지금 자리에 없습니다.** 제 생각엔 **잠깐 나간 것 같아요.** 그가 돌아오면 당신이 찾는다고 전해드릴게요.

[Conversation]

David: I believe we have covered what we were supposed to. However, we should **regroup** later to address the issue. Thanks for your time, **I should go** since I have a call with a client. I have lots of **back-to-back calls today**.

Chris: Okay. Take care. I will send an invite email to **regroup** once I find a time.

David: 우리가 해야 할 것을 모두 커버했다고 믿습니다. 그러나, 우리는 이 이슈를 해결하기 위해 **다시 한번 모여야** 할 것 같습니다. 여러분들의 시간에 감사드리고, 저는 고객과의 전화가 있어 **지금 끊어야 합니다**. 오늘 **연속된 전화**가 많습니다.

Chris: 알겠습니다. 다들 잘 계시고, 제가 **다시 모이기 위해** 시간을 찾아서 invite email로 보내드리겠습니다.

Is this good time?

지금 혹시 전화 가능하신지요?

Isn't it bad time?

지금 전화하기 나쁜 시간은 아닌가요?

Did I catch you at a good time?

제가 좋은 시간에 전화를 한 건가요?

Did I catch you at a bad time?

제가 나쁜 시간에 전화를 한 건가요?

I thought I caught you at a bad time.

제 생각엔 제가 적절하지 않은 시간에 전화를 했던 것 같습니다.

Nuance Tip

한국 표현으로 하면 '지금 혹시 잠시 통화 가능하신가요?'입니다. 고객이나 윗사람에게 전화 통화 시 사용하는 예의를 갖추는 표현입니다. 전화를 받자마자 바로 용건을 바로 이야기하는 것은 비즈니스 에티켓이 아닙니다.

May I ask who I am speaking to?

제가 지금 누구와 통화하고 있는 것인지요?

Who am I speaking to?

제가 누구와 통화하고 있죠?

Can I ask who I am speaking to?

제가 누구와 통화하고 있는지 물어봐도 되는지요?

Would you let me know who we are speaking to?

우리가 누구와 통화하고 있는지 알려 주시겠어요?

Nuance Tip

상대방이 conference call이나 virtual call 도중 계속 이야기하는데, call에 늦게 합류하였거나, 신호가 좋지 않아 상대방이 여러 가지 이유로 파악이 되지 않았을 때, 상대방을 확인하기 위해 문의하는 표현입니다. 가장해서는 안 되는 표현이 'Who are you?'입니다.

May I ask what this is regarding?

어떤 주제와 관련된 사항인가요?

What is this regarding?

이게 무슨 주제와 관련된 것이죠?

Can I ask what this is regarding?

이게 혹시 무슨 주제와 관련된 것인지요?

Are you on mute?

지금 음소거를 해놓으셨나요?

I think you are on mute.

제 생각엔 당신은 지금 음소거를 해놓으셨어요.

Sorry I was on mute.

죄송합니다만 제가 음소거 중이었습니다.

Can you turn off the mute button?

음소거 기능을 꺼주시겠어요?

Are you on a speaker phone?

지금 혹시 스피커 폰이세요?

Can you turn on your speaker phone?

스피커폰을 켜주시겠어요?

Nuance Tip

상대방이 말을 하는 것 같은데 들리지 않는 경우는 mute로 해 놓은 경우가 많고, 상대방의 말이 울려서 들릴 경우에는 speaker phone 일 경우가 많습니다. 이럴 때 매우 자주 사용하는 표현입니다.

You are breaking up

목소리가 깨져서 들립니다

I'm sorry you're breaking up.

신호가 깨져서 들립니다.

I'm sorry your voice is breaking up.

목소리가 깨져서 들립니다.

I can't hear you clearly.

제가 정확히 들을 수가 없습니다.

I can barely hear what you're saying.

거의 제가 들을 수가 없어요.

Nuance Tip

Virtual video 회의 중에도 화면이나 목소리가 잘 전달되지 않는 경우가 종종 있습니다. 정확히 이야기하면 'Your voice is breaking up'이지만 보통 'You are breaking up'으로 표현합니다. 상대방의 목소리가 깨져서 들릴 경우에 자주 듣고, 말하는 용어이며 고객과 통화 시 'I'm sorry you're breaking up'라고 표현해야 보다 공손한 표현이 됩니다.

'I can't hear you clearly'라는 표현은 목소리가 깨져서 들리는 것을 포함한 다른 모든 방해되는 상황도 포함해서 포괄적으로 사용되는 경우가 많습니다.

Your voice was cutting out for a moment
목소리가 잠시 동안 끊겨서 들리지 않았습니다

I'm sorry your voice was cutting out for a moment.

방금 신호가 끊겨서 잠시 동안 들리지 않았습니다.

Your voice was cutting out for a while.

당신의 목소리가 한참 끊겨서 들리지 않았습니다.

Nuance Tip

'You're breaking up'이라는 표현과 함께 많이 사용하는 표현입니다. 'Breaking up'은 불안정한 신호로 인하여, 목소리가 깨져서 들릴 때이지만, 신호가 일정 시간 끊겨서 목소리가 거의 들리지 않을 경우에 사용하는 표현이 'Cut out for a moment'입니다.

Thanks for having me

초대해주서서 감사합니다

Thanks for joining me.

참석해주서서 감사합니다.

Thanks for having us.

우릴 초대해주서서 감사합니다.

Let me turn it over to David.

David이 이야기할 차례입니다.

I will turn it over back to Chris.

다음 이야기는 Chris에게 다시 넘기도록 하겠습니다.

Thanks for being here.

여기에 오서서 감사드립니다.

> ### Nuance Tip
>
> 회의에 초대받으면, 반드시 'Thanks for having me', 누군가를 초대하게 되면 'Thanks for joining me', 마칠 때는 'Thanks for your time'으로 거의 자동으로 표현하게 됩니다. 설명하다가 누군가에게 순서를 넘겨야 할 때는 'Turn it over to someone'으로 표현합니다. 간단한 표현이지만 반드시 숙지하여 비즈니스 에티켓을 지키는 것이 중요합니다.

He just stepped out

잠깐 밖에 나가셨습니다

📖 **사전적 의미**

Step out: 잠시 동안 장소를 떠나는 것.

He's out of the office now.

그는 사무실에 없습니다.

He's on vacation.

그는 휴가입니다.

He is off sick.

그는 병가입니다

She is away from his desk.

그녀는 지금 자리에 없습니다.

He is in the middle of a client call.

그는 지금 한참 고객과 통화 중입니다.

Nuance Tip

전화 통화 시 '혹시 누구 있어요' 문의할 때 그 사람이 없을 경우에 그에 대한 답변으로 가장 많이 사용하는 표현이 'He is away from his desk' 또는 'He just stepped out'이라는 표현입니다. 특히 'He just stepped out'이라는 표현은 짧은 거리에 잠깐 나가서 곧 들어올 것이라는 것을 암시하는 뉘앙스를 가지고 있습니다.

I'm sorry I've got to go

죄송합니다만 지금 전화를 끊어야 합니다

I should go.

I ought to go.

I got to go.

Let me hang up.

전화 끊겠습니다.

Nuance Tip

전화 시에 바쁜 일로 먼저 전화를 끊어야 할 경우가 종종 있습니다. 그럴
때 사용하는 단어가 'Hang up'인데, 이는 상황에 따라 약간 무례하게 들
릴 수도 있습니다. 'I should go', 'I have got to go', 'I got to go'로 표
현하는 게 훨씬 부드러운 표현입니다.

Can we regroup later?

우리 다시 모여서 의논할 수 있을까요?

📖 **사전적 의미**

Regroup: 더 효과적으로 행동하기 위해 다시 집단을 꾸리는 것. 멈추고 무언가에 대해 생각하여 더 나은 방식으로 시작할 수 있도록 하는 것.

We should regroup later.

나중에 다시 모여서 논의해야 합니다.

Can you find a time to regroup next week?

다음주에 다시 모이기 위해 시간 좀 찾아 주시겠어요?

We have to regroup unless you find the solution today.

오늘 해결책을 찾지 못하면 우리는 오늘 다시 모여야 합니다.

Nuance Tip

전화 통화 시만 사용되는 용어는 아니나, 비디오 회의나 전화 회의 시에 주로 사용되는 표현입니다. 보통 전화 회의에서 정해진 시간 내에 이슈를 모두 해결할 수 없어 추후 검토해야 하는 사항이 남게 되고, 이때 사용하는 'Regroup'이라는 표현은 단순히 다시 한번 논의하자는 표현은 아니고 '해결되지 않는 사항에 대해서 다시 지혜를 모아서 논의하자'라는 뉘앙스를 가지고 있습니다.

4장

[Bonus]
비즈니스 이메일
유의사항 11가지

아래 이메일은 실제로 직장 동료로부터 받은 짧은 이메일을 일부 편집한 내용입니다. 아래 이메일 통하여 이메일 작성 시 유의해야 할 주요한 11가지 Tip을 공유합니다.

Hello Chan

I hope all is well, and this email finds you well. By way of introduction, I'm Kevin Monteleone in risk assurance practice based in LA.

수고 많으십니다. 이 이메일에 관심 부탁드립니다. 제 소개를 드리자면, 저는 LA의 risk assurance 부서의 Kevin Monteleone입니다.

I wanted to let you know that I exchanged notes with Karen on Monday, and she indicated that our proposal is **in the hands of the CEO.** He is out of the office this week, but she expects to speak with him

Karen하고 월요일에 연락을 주고받은 사항을 **알려드립니다.** 우리의 제안서는 현재 CEO가 **검토 중**이라고 알려 주었습니다. CEO는 지금 사무실에 없지만, Karen이 논의를 할 것입니다. 좋은 소식을 우리에게 알려 주기를 희망

---

260 세상에 없는 리얼 비즈니스 영어

when he returns next week. Hopefully, she comes back with good news.

하고 있습니다.

I'm also attaching a couple of documents. The first deck was from a discussion we had a little over a year ago with David. The second document is **a short two-pager** that we're using for discussions with clients now.

몇 개 문서를 첨부합니다. 첫 번째 PPT는 일 년 전에 David와 협의했던 내용에서 발췌한 것이고, 두 번째 문서는 지금 고객과 논의하는데 사용하는 **2장짜리 문서**입니다.

I was thinking we could set up a conversation with him to discuss innovation, technology, and the future of the industry. **If you think this would be possible,** let me know, and I can look for some time on your calendar to set up a call to discuss. **Please note** that it's a bit urgent since I learned that

그와 혁신, 기술, 산업의 미래에 대해 협의하기 위해 미팅을 주선할 수도 있다고 **생각하고 있었습니다.** 만일 당신이 이 사항이 **가능할 것이라고 생각하면,** 저에게 알려 주세요, 그러면 제가 협의할 시간을 주선하겠습니다. **참고할 사항은** K가 전화 미팅을 주선하려고 하니, 약간은 급한 사항입니다. 저는 **Chris를 앞으로 참**

K would set up a call on their side, and I will **loop Chris (CC'd)** in going forward.

Should you have any questions, please feel free to reach out to me. I'm looking forward to hearing from you soon. I will send over the two-pager **by EOD tomorrow, PST.** As always, **your support would be much appreciated.**

Stay safe and healthy!

Best regards,
Kevin

여시키도록 하겠습니다.

질문 있으면 언제든지 저에게 연락주시기 바랍니다. 조만간에 소식을 들을 수 있기를 기대합니다. 제가 내일 **서부 시간으로 업무 끝나기 전까지** 2장짜리의 문서를 보내 드리겠습니다. 항상 그렇듯이 **당신의 지원에 언제나 감사드립니다.**

안전하고 건강하게 지내시길 바랍니다.

수고하세요,
Kevin 드림.

Hello

안녕하세요

Dear valued customers.

Dear Partners.

Dear Mr. Kim.

Hello Peter.

Hi Susan.

Nuance Tip

만일 한 번도 만난 적이 없는 사람이거나, 불특정 다수에 이메일을 보낼 때는 안전하게 'Dear'라고 하는 것이 안전한 방법입니다. 예를 들어 학교에서 교장선생님이 전체 부모님에게 메일을 보낼 때, 회사의 대표이사가 임원 전체에게 메일을 보낼 때 등. 하지만 한 번이라도 만난 적 있는 사이라고 하면 일반적으로 'Hello/Hi'를 사용합니다. 한 번도 만나본 적은 없다고 해도 직장 내에서의 직장 동료들끼리 커뮤니케이션은 'Dear'라는 표현은 아주 격식을 갖춘 공식적인 상황이 아니면 사용하지 않습니다.

I hope all is well, and this email finds you well

수고 많으십니다, 이 이메일 잘 봐주세요

Nuance Tip

'수고가 많으십니다', '잘 지내시죠'. 이렇게 이메일을 시작하는 표현이 'I hope all is well'이라는 표현으로, 여기에서 all = everything이라는 의미입니다.

'This email finds you well'이라는 표현은 자주 연락하는 사이에서 사용하는 표현은 아닙니다. 자주 연락하는 사이는 아니나, 이 이메일 좀 잘 봐 달라는 표현입니다. 자주 연락하는 사이인 경우에는 '이메일을 주의해서 봐주세요'라는 무언의 압력이 있는 친근한 표현이 되기도 합니다.

By way of introduction~

제 소개를 드리면~

By way of introduction, I'm Peter Kim, a tax partner based in LA office.

제 소개를 드리면, 저는 Peter Kim이고, LA 사무실의 tax partner입니다.

By way of introduction, I'm Susan Monteleone, an accounting manager in NY office.

제 소개를 드리면, 저는 Susan Monteleone이고, 뉴욕오피스의 회계과장입니다.

Nuance Tip

자기소개는 'By way of introduction~' 이렇게 시작하는 게 아주 보편적인 표현 방법입니다. 보통 어느 지역의, 어느 부서에 속해 있다고 소개하는 것이 기본 에티켓입니다.

I wanted to let you know~

제가 알려드리고 싶은 것은~

I wanted to let you know the client meeting could be delayed.

고객과의 미팅은 약간 연기될 수도 있음을 알려드립니다.

I wanted to let you know we would meet David in person tomorrow.

내일 David를 직접 만날 것임을 알려드립니다.

I'm writing to inform you that the office will be closed tomorrow due to the regular cleaning schedule.

내일 사무실은 정기적인 청소 일정으로 인해 문을 닫는다는 것을 알려드립니다.

I'm writing to inform you that the parking lot will be closed tomorrow.

내일 주차장은 열지 않는다는 것을 알려드립니다.

I was thinking we could~

우리가~ 할 수 있을지를 생각하고 있었습니다

I was thinking you could come tomorrow.

당신이 할 수 있을지 생각하고 있습니다.

I thought you had already reviewed the report.

당신이 이미 그 보고서를 검토하였다고 생각했습니다.

I thought you might have had a chance to talk to my boss.

저는 당신이 제 상사에게 이미 이야기할 기회가 있었을 거라고 생각했습니다.

I was thinking you could leave today.

저는 당신이 오늘 떠날 수도 있다고 생각하고 있었습니다.

I thought this would be possible.

저는 이게 가능할 수도 있다고 생각했습니다.

Nuance Tip

공손하게 의사를 전달할 때 자주 사용하는 표현입니다. 지금 막 생각한 것이 아니라 계속 생각해 왔다 라는 뉘앙스 때문에 'I think ~'보다는 'I was thinking ~' 또는 'I thought ~'는 표현이 보다 정중한 표현입니다. 'Can'대신 'Could'라는 가정법 조동사를 사용하여 상대방의 의사를 지그시 물어보는 표현으로 'Could'가 보다 정중한 표현이 됩니다.

◈ 참고

위 이메일 예시에 있는 표현 중 "This would be possible"이라는 표현도 상대방을 더 정중히 대하는 표현입니다. 단, 주의할 것은 때로는 공손한 표현이 자신 없는 표현이 될 수도 있기에 상황에 맞는 표현이 중요합니다.

이 이메일은 director가 partner인 저에게 보낸 이메일로 상당히 격식을 갖추어서 메일을 보냈다고 할 수 있습니다. 누군가에게 격식을 갖추어 중요한 요청을 할 때 위와 같은 표현들은 본인의 의견을 최대한 정중하게 표현하는 방법입니다.

Your support would be much appreciated

당신의 지원에 감사드립니다

I really appreciate your support.

당신의 지원을 정말 감사드립니다.

It would be much appreciated if you could do that.

그렇게 해주시면 대단히 감사하겠습니다.

Your response would be much appreciated.

당신의 답변은 대단히 감사하겠습니다.

Your attention would be much appreciated.

관심을 가져주시면 대단히 감사하겠습니다.

Nuance Tip

겸손하게 상대방의 도움을 구하는 표현입니다. 이메일을 적는 사람마다의 성향이 다를 수 있지만, 상대방의 도움을 구할 때는 격식을 갖추어 표현하는 것이 좋습니다. 하지만, 상황에 따라 때론 과하게 격식을 갖춘 표현은 상대방을 불편하게 할 수도 있습니다.

Please note~

~사항은 참고하길 바랍니다

Please note that David won't come.

David는 오지 않을 것이니 참고하길 바랍니다.

Please note conference room 5 is booked.

5번 회의실이 예약되었으니 참고하길 바랍니다.

Please note David is going over the report.

David 이 지금 검토하고 있으니 참고하길 바랍니다.

Please note the meeting could be postponed.

그 미팅은 연기될 수 있으니 참고하길 바랍니다.

Nuance Tip

'FYI(For your information)'이라는 표현을 정중하게 이야기하는 형태가
'Please note~'입니다. 글의 후미에 '참고로 이 사항은 알아주면 좋을 것
같습니다'라는 표현을 간략히 'Please note~'라고 합니다.

I will loop David in
David를 참여시킬 것입니다

📖 **사전적 의미**

Loop in: 누군가에게 상황에 대한 최신 소식이나 정보를 제공하다.

Please loop David in on any updates.
David에게 어떤 update 가 있든 같이 공유합시다.

I will loop Chris in going forward.
Chris에게 앞으로는 같이 정보를 공유하겠습니다.

Can you loop me in on the new project?
그 새로운 프로젝트 관련한 정보 공유에 저를 끼워주시겠어요?

Can you copy him in on the email going forward?
앞으로 이메일에 그를 수신 참조에 포함해주실 수 있으신가요?

I have CC'd David, so that he will be able to know what's happening.

저는 David를 CC 했습니다. 그는 아마도 앞으로 일어날 일에 대해서 알게 될 것입니다.

Nuance Tip

일상 대화보다 이메일로 의사소통을 할 경우에 누군가를 추가로 커뮤니케이션해야 할 경우에 사용되는 '누군가를 끼워주다'라는 표현입니다.

참고로, 처음에 한사람과 이메일로 주고받다가 누군가를 추가하여 커뮤니케이션을 해야 할 때 CC(Carbon copy) 한다고 표현합니다.

Should you have any questions, feel free to reach out to me; I'm looking forward to hearing from you

혹 문의 사항이 있으시면 언제든지 연락주시고,
곧 소식 듣기를 기대합니다

If you have any questions, please feel free to contact me.

질문이 있을 경우, 언제든지 저에게 연락주시길 바랍니다.

I look forward to hearing from you soon.

곧 당신으로부터 답변을 들을 수 있기를 기대합니다.

Let me know if you have any questions.

질문이 있는 경우 언제든지 연락주길 바랍니다.

You can reach out to me and my team if you have any questions.

질문이 있는 경우 언제든지 저와 저의 팀에 연락주길 바랍니다.

Nuance Tip

대부분의 경우에 이메일 마지막으로 맺는 말입니다. 말 그대로 문의사항이 있으면 언제든지 연락하라는 표현입니다.

대답을 들어야 하는 경우, 'I'm looking forward to hearing from you soon'이라는 표현도 많이 사용되는데, 사실 상황에 따라서 은근히 빨리 대답을 달라는 압박성 표현이 되기도 합니다. 참고로 'ASAP'라는 표현은 상황에 따라 무례하게 들릴 수 있는 표현이어서 되도록 사용하지 않는 것이 더 좋습니다. 종종 한국 사람들은 urgent라는 표현도 많이 사용하는데, time-sensitive란 표현이 훨씬 부드럽게 들리는 표현입니다.

EOB (End of business)

영업 종료 시간

COB (Close of business)

PST (pacific standard time, LA)

EST (eastern standard time, NY)

CST (Central standard time, Chicago)

MST (Mountain standard time, Denver)

Nuance Tip

예를 들어 '내일까지 자료 보내 주세요.'하면 내일 자정을 이야기하는 것인지, 아니면 오후 6시까지인지 알 수가 없습니다. 그래서 보통 EOD/COB를 사용하고, 미국처럼 한 나라에서 시차가 있는 경우에는 이를 더 명확하게 의사 전달할 필요가 있어서 PST/EST/CST/MST의 시간도 자주 사용됩니다. 이 중에서 미국 전역으로 같이 일을 할 때는 동부 EST가 기준시간으로 많이 사용됩니다.

Best regards

수고하세요

Regards

Kind regards

All the best

(Yours) Sincerely

(Yours) Faithfully

Nuance Tip

이메일의 마지막 문장을 표현하는 방법은 여러 가지가 있습니다. 참고로 'Kind regards'는 잘 아는 사이가 아닐 경우 편지의 끝인사로 주로 사용되고, 'Best regards'는 덜 형식적이며 좀 더 잘 알고 있는 사람에게 적절합니다. 최근의 경향은 단순히 'Thank you'가 가장 많이 사용되는 표현입니다.

'Sincerely' 또는 'Faithfully'는 격식 있는 표현으로 이름을 모르는 사람에게 주로 사용합니다.

여러분이 가진 역량이 영어 말하기로 인해
평가 절하되지 않기를 바라는 마음으로 응원하겠습니다.